大学生のメンタルヘルス管理

UPI
利用の手引き

［著］平山　皓／全国大学メンタルヘルス研究会

はじめに

　UPI（University Personality Inventory）テストは，大学保健の領域ではよく知られ，もっとも繁用されているテストであるが，一般の心理テスト領域ではその存在すら知られていない。そこで他の職域から来た医師，心理職，保健師，看護師はこの領域に来てはじめてこのテストに出会うことになる。そこで起こる疑問はさまざまである。
　すなわちいつから，誰によって，どうして作られたのか，どのくらいの施設で使っているのか，どういう使い道があるのか，これで何がどこまでわかるのか，当事者へのfeed backはどうしているのか，どうするのが適正なのか，などである。しかしマニュアル本もなく，聞いてもそれに十分に答えられる先輩もいないのが現状である。
　著者も大学の保健管理センターへ勤務してUPIと否応なく向き合ったとき，大いに困惑した。そこで，自分なりに模索し分析をはじめたのが発端である。全国大学メンタルヘルス研究会の「大学生の神経症研究班」に参入し，この班の命題をときほぐすためにはUPIが鍵になると見定め，呼称も「大学生の神経症とUPI」と改め，16年間分析を重ねてようやくある程度のことが見えてきた。
　これまで筆者の下に前述の疑問をもって人伝えに訊ねてくる人に出会うたびに，できるだけ疑問に答え，資料も提供してきたが，方法論についてはそう細かくは伝えきれないもどかしさもあった。またある程度の予備知識を得て始めてはみたものの，整理の仕方や使い方が不十分なため，有効なテストではないと諦め，もっと手応えのある有力な他のテストがないかとテスト探しをする人をたくさん見てきた。また新たに研究を始める際に，これまでの知見を知らず先人の業績と同じテーマと手法を試みる人が多いのも気になっていた。
　そこで十分な収穫が得られないのは，上手な使い方を知らないことによると思われた。これまでの研究の歩みを十分に承知したうえで，新しい研究が始められるような道しるべが必要であると考え，手引書の必要

を痛感し本書に書くことにした。

　このような私的な思いのほかに，公的な立場からの執筆の要請があったことも決断に影響した。その一つは全国大学メンタルヘルス研究会の運営委員会の席上で，UPIの発祥の経緯などの歴史的な重要事項は，生き証人が存命中に書き留めておく必要があるとの意見が出たこと，いま一つは全国大学保健管理研究集会の評議委員会から，UPIの手引書を作ってほしいとの要請があったのである。それを受けて運営委員会から平山に書くよう宿題が出された。しかしそれからもなかなか手がつかず，執筆項目の柱だけは立て，文献整理をするだけで10年近くがあっという間に過ぎてしまった。一昨年平山が重い病を得て，書ける潮時は今しかないという瀬戸際に立たされ，ようやく重い腰をあげることになった。資料には「大学生の神経症とUPI」で用いたものが役に立った。

　本書は3部構成とし，第Ⅰ部（初級編）は発祥の歴史を含め，UPIテストのあらましを概観し，はじめて本テストを用いる人に，おおよその知識と展望を与えるように努めた。

　第Ⅱ部（初〜中級編）は，これまでのUPIについての研究成果を総まとめに整理した総説で，これから研究課題に取り組もうとする人々に先行研究を展望できるようにし，未解決の問題は何かを明らかになるようにした。

　第Ⅲ部（中〜上級編）は，平山と共同研究者による新しいアプローチである図形解析や計量診断法で，新たに見えてきた診断技法（下位診断，症状構成，経過・予後予測，症状の意味解析）など，簡単なテストでも使い方によってはここまでわかるのかという探求の面白さ，すごさの一部を紹介した。これまでUPIを活用した人々にも，さらに一歩進んだ内容に触れ，日常臨床に有効活用していただければ幸いである。

　なお第Ⅲ部に記載の神経症については，旧来の分類に拠っていることをお断りしておく。新しいICD分類（International Classification of Diseases）やDSM分類（Diagnostic and Statistical Manual of Mental Disorders）では臨床の実態をよく反映し難いと考えたためで，異論があることも承知のうえである。

　ここで一言断っておかねばならないのは，これが大学生にとってもっ

とも優れたテストだというつもりは毛頭ないということである。欠点や問題点を指摘すると，その第1は項目の内容の妥当性の問題である。このテストが作られてから相当の年月が経ち，社会情勢の変化につれ若者の気質もかなり変化しているはずである。また留学生に使う場合，日本人心性とは異質な人では感じにくい項目もあり，外国語版自体には翻訳の問題があるなど，国際性の点でも問題があり，見直す必要がある。第2は標準化の問題がある。これだけ長い間使われているにもかかわらず，標準化の手続きがまだ完全にはクリアされず，国際的な発表に耐える資格に欠けている。第3はどこにも版権がなく，自由に誰でも利用できるが，それだけ責任の所在がないなど問題が山積している。しかしそれにもかかわらず年々使う人は出てくるので，問題点の全部が解決されるまで漫然と座視しているわけにもゆかず，問題含みのまま見切り発車する他ないと決心したのである。

　本書の読者層は，主として大学のキャンパスで学生相談に関わる方が多いかもしれないが，大学外での一般診療場面でも，大学生と同じくらいの年齢層の対象者に対しては，ここで見出した手法と所見がかなり適用可能と考えている。これまで私も試してきたが，さらに一般診療上でどれだけ役に立つか，読者方に今後追試・検討していただき，適応範囲の拡大を試して頂けるとありがたい。とくに中～上級編は，共同研究者2名の尽力のお蔭で進展したのであり，故湊博昭元一橋大学教授，沢崎俊之埼玉大学教授に感謝を申しあげたい。

　最後に本書の推進につき後押しをされた岡庭武一橋大学名誉教授，たびたび本文の校閲，校正の労をとられた山本由子元恵泉女学園大学教授，中島潤子茨城大学名誉教授に深甚なる感謝の意を捧げたい。おわりに創造出版の長尾幸憲顧問には，多くの助言と激励をいただいたことに感謝申しあげます。

平山　皓

● 目次 ●

はじめに　*i*

第Ⅰ部　初級編 ● 概観

1. 精神健康のスクリーニングの実施率と実施時期 … *2*
2. メンタルチェックとして用いるテストの種類 …… *3*
3. ＵＰＩテストの判定はどのようにされているか … *4*
    1) 第1はＵＰＩのＡ5版カードにより目視判定する　*4*
    2) 次に初めて粗点合計の多寡を問題にする　*6*
    3) 特定の項目に着目しチェックする　*6*
    4) 特定項目群を抽出して見る方法　*7*
    5) 数的処理をして提示する方法　*7*
    6) 有所見者の抽出率，所見内容　*8*
    7) 呼び出し方，伝達の仕方（利用の仕方）　*8*
    8) テストおよび面接併用の有用性　*9*
4. ＵＰＩ作成の背景，いきさつ，および進展の経過 … *10*

第Ⅱ部　初〜中級編 ● 利用方法と判定の仕方

1. スクリーニングはどのように行われてきたか …… *14*
    1) スクリーニングの対象と意図　*14*

目 次

　　　2）スクリーニングの指標設定の工夫　*14*
　　　3）スクリーニングテストの評価に対する迷い　*16*
　　　4）ＵＰＩの記入方法の工夫と検討　*17*
　　　5）再面接者の呼び出し基準　*17*
　　　6）テスト結果の返し方，伝え方　*18*

*2．*ＵＰＩの各項目の出現率など ………………… *19*
　　　1）各項目の出現率　*19*
　　　2）学部差　*19*
　　　3）男女の性差　*20*
　　　4）項目全般としての年次別の経年変化　*21*

*3．*進学前の諸経験のＵＰＩへの影響 …………… *25*
　　　1）中高時代の課外活動の有無　*25*
　　　2）学習以外の生活経験の有無　*26*
　　　3）その他　*26*

*4．*入学者の群別ＵＰＩ比較と特性 ……………… *27*
　　　1）現役生と多浪生の比較　*27*
　　　2）学部新入生と大学院新入生との比較　*27*
　　　3）一部（昼間）学生と二部（夜間）学生の比較　*28*
　　　4）日本人と外国人学生の比較　*29*
　　　5）留学生自身についての所見　*30*
　　　6）女子学生についての所見　*31*
　　　7）女子4大生と短大生の比較　*31*
　　　8）高専生についての所見　*32*

*5．*疾病以外による不適応状態のＵＰＩ ………… *33*
　　　1）留年生全般について　*33*
　　　2）多留生の問題　*34*

　　　　3）留年生の因子特性　*34*

　　　　4）不登校学生の因子特性　*35*

　　　　5）スチューデント・アパシー　*36*

　　　　6）いじめ，いじめられ体験　*36*

　6．疾病のＵＰＩによるスクリーニング ……………… *38*

　　　　1）精神疾患全般のスクリーニング　*38*

　　　　2）抑うつ状態　*38*

　　　　3）自殺群，自殺未遂群　*39*

　　　　4）自殺念慮群（25番選択群）の問題　*40*

　　　　5）自己臭症　*41*

　　　　6）統合失調症　*42*

　　　　7）神経症圏の全体　*43*

　　　　8）神経症の下位群の概略　*45*

　　　　9）摂食障害　*45*

　　　10）体重減少女子学生　*47*

　　　11）肥満者と低体重者　*47*

　　　12）月経異常者　*48*

　7．ＵＰＩの得点に関する知見について ……………… *49*

　　　　1）ライ・スケール（虚構尺度5，20，35，50）についての議論　*49*

　　　　2）特定の重要項目　*50*

　　　　3）25番項目（希死念慮）　*51*

　　　　4）頻出項目　*52*

　8．他の心理テストとＵＰＩとの関連 ………………… *53*

　　　　1）ＳＣＴ（Sentence Completion Test）　*53*

　　　　2）ＭＰＩ（Maudsley Personality Inventory）　*54*

目 次

　　　　3）ＭＭＰＩ（Minnesota Multiphasic Personality Inventory）　*55*

　　　　4）ＹＧテスト（Yatabe Guilford Personality Test）　*55*

　　　　5）ＣＭＩ健康調査表（Cornel Medical Index）　*56*

　　　　6）ＳＰＩ，ＳＰＴ（Shimoda Personality Inventory, Shimoda Personality Test）　*57*

　　　　7）バウムテスト（Baumtest）　*57*

　　　　8）エゴグラム（Egogram）　*57*

　　　　9）ＳＤＳ（Self-Rating Depression Scale）　*58*

　　　　10）ＧＨＱ（The General Health Questionnaire）　*59*

　　9．その他の臨床標識とＵＰＩとの関連性 ················ *60*

　　　　1）面接所見との関連　*60*

　　　　2）面接評価表の適用結果　*60*

　　　　3）限定した面接評価項目を用いる方法　*61*

　　　　4）精神的訴えと身体的訴え　*62*

　　　　5）精神的ストレス度　*62*

　　　　6）自律神経機能　*63*

　　　　7）顔計測所見との関連　*63*

第Ⅲ部　中〜上級編 ●一歩進んだ解析法

　　1．新しい方法論の導入 ································ *66*

　　　　1）多変量解析の前史　*66*

　　　　2）初期に多変量解析を適用した報告　*66*

　　　　3）平山がたどり着いた方法の道程　*66*

　　　　4）データ処理の実際　*69*

2．分析の実例 …………………………………… 74

   1）臨床群全体の位置づけにより診断の見当をつける
      （星座グラフ）　74

   2）下位の臨床群を分離し，下位診断を見当つける
      （星座グラフ）　75

   3）臨床類型および個別例の特性を明示し把握
      （顔グラフ，レーダーチャート）　76

   4）レーダーチャートにより症状分析と行動の予測を
      する（レーダーチャートから2次元直交座標上の
      布置への発展）　81

   5）直交座標系を利用し類型の分析と
      症状の分析　89

   6）有意な相関関係図（マトリックス）の構造から
      微細な症状の分析　94

   7）判別方程式を利用した
      「疾病の計量診断」と「自殺行動の予測」　97

   8）学生相談および一般診療の場での実践方法　99

   9）まとめ　100

あとがき　102

参考文献　103

第Ⅰ部　初級編

概　観

第Ⅰ部

1. 精神健康のスクリーニングの実施率と実施時期

　学生に対するメンタルチェックの実施率は一体どの程度なのだろうか。その推移をみると，1969年の愛媛大の調査で59.8％，上里の1977年の調査では64.3％（国立75.0，公立27.3，私立56.3％），1982年の調査では65.6％，1984年および1995年には国立大で69％，私立大では38.7％であった。大学の規模別では，大規模校の方が実施率は高く85％であったのが最近では59％に減り，小規模校では38.7％程度であったのが60％に急増して，大学の規模別の格差がなくなってきている。

　検診の対象は，1982年から1995年の間のどの期間をみても1年生のみというのが70％で，全学年について実施しているのはわずか14～15％にすぎない。

　検診の実施時期は，入学直後が全体では46％であるが，小規模校ほど入学直後の比率が高く77％に達している。入学直後の方が健康診断時期よりは脱落者が少ない利点があるが，入学直後では試験直後の緊張感がテスト結果に影響することを顧慮する必要がある。

2. メンタルチェックとして用いるテストの種類

　テストの種類は，調査年次および調査対象により異なる。実際1977年の上里の調査では，ＵＰＩ（University Personality Inventory）では42.5％，ＣＭＩ（Cornell Medical Index）では15.0％であった。山本・中島（1982）による調査，中島報告（1982）でも，ＵＰＩの実施率は43％台であったが，1995年堀の調査では69.4％に増加した。しかし近田（1996）の報告では57.1％に減少し，33校で中止になったと報じている。

　ＵＰＩに次いで多いテストはＣＭＩで，山本・中島の調査でも，堀の調査でも20％くらいである。その他のテストではＹＧ（Yatabe Guilford），バウムテストのほか，独自のテストが堀の調査で10.2％，近田の調査では23.9％と増加を示し，これは有用なテストが模索されていることを示唆している。学生相談室についての国公立私立大202校の全国調査では傾向が異なり，多い順に，ＹＧ38校，ロールシャッハテスト25，ＣＭＩ21，ＳＣＴ（Sentence Completion Test）20，ＵＰＩ17，ＭＭＰＩ（Minnesota Multiphasic Personality Inventory）15，職業興味テスト13，職業適性テスト12，ＴＰＩ（Todai Personality Inventory）11，ＥＰＰＳ（Edwards Personal Preference Schedule）10校の順であったと小口（1986）が紹介しているが，保健管理センターの実態とはかなり異なる状況であることがわかる。

第Ⅰ部

3．UPIテストの判定はどのようにされているか

　UPIテストの結果判定については，えてして合計点の多寡であるとか，あるいはLie項目（ライ・スケール＝虚構尺度：5, 20, 35, 50番項目を指す）の有無や25番項目（死にたくなる）の出現など特定項目に着目しがちであるが，まず全体を展望し，どういう反応の仕方をしているのか，全体傾向を一瞥することを第一にするように心掛けるべきである。

1）第1はUPIのA5版カードにより目視判定する

　A5版の利点は，下記の図のようにUPIの項目が4群に配置され，真中にライ・スケールが横一線に並び，一瞥して全貌が把握でき，どの群に偏って反応しているか判定することができるのが特色である。山田和夫が記述しているように，短時間の面接で全体像の当たりをつけ，当該の学生の心的問題の概略を知って面接の切り口を見つけるのに都合がよい。

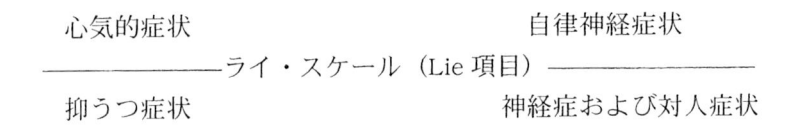

　　　心気的症状　　　　　　　　　　　自律神経症状
　――――――――ライ・スケール（Lie項目）――――――――
　　　抑うつ症状　　　　　　　　　　神経症および対人症状

　この様式を利用して領域ごとの症状別得点を算出し，全体の症状的な特徴を把握することもなされている。すなわちライ・スケールより上の領域は身体的訴えがA領域で，下半分には精神的訴えが並んでいる。細部では次（P.6）で示すようにB，C，D，Eに4区分され，Bは抑うつ傾向，Cは劣等感，Dは強迫傾向，Eは被害・関係的な症状の領域となっている。

初級編 / 概観

UPI：A5版カード

これは、あなたの健康の理解と増進のための調査です。番号順によく読んで、あなたが最近1年位の間に、ときどき感じたり、経験したりしたことのある項目の番号に、軽い気持ちで〇印を、ない項目には×印を書いてください。（〇×印のみ、必ずつけること）

1. 食欲がない	16. 不眠がちである	31. 赤面して困る	46. 体がだるい
2. 吐き気・胸やけ・腹痛がある	17. 頭痛がする	32. 吃ったり、声がふるえる	47. 気にすると冷汗が出やすい
3. わけもなく便秘や下痢をしやすい	18. 頭すじや肩がこる	33. 体がほてったり、冷えたりする	48. めまいや立ちくらみがする
4. 動悸や脈が気になる	19. 胸痛や息ぐるしい、しめつけられる	34. 排尿や性器のことが気になる	49. 気を失ったり、ひきつけたりする
5. いつも体の調子がよい	20. いつも体は活動的である	35. 気分が明るい	50. よく他人に好かれる
6. 不平や不満が多い	21. 気が小さすぎる	36. なんとなく不安である	51. こだわりすぎる
7. 親が期待し過ぎる	22. 気疲れする	37. 独りでいると落ちつかない	52. くり返し何かないと苦しい
8. 自分の過去や家庭は不幸である	23. いらいらしやすい	38. ものごとに自信がもてない	53. 汚れが気になって困る
9. 将来のことを心配しすぎる	24. おこりっぽい	39. 何事もためらいがちである	54. つまらぬ考えがとれない
10. 人に会いたくない	25. 死にたくなる	40. 他人におくられやすい	55. 自分のへんな匂いが気になる
11. 自分が自分でない感じがする	26. 何事も生き生きと感じられない	41. 他人が信じられない	56. 他人に陰口をいわれる
12. やる気が出てこない	27. 記憶力が低下している	42. 気をまわしすぎる	57. 周囲の人の視線が気になる
13. 悲観的になる	28. 根気が続かない	43. つきあいが嫌いである	58. 他人の視線が気になる
14. 考えがまとまらない	29. 決断力がない	44. ひけ目を感じる	59. 他人に相手にされない
15. 気分に波がありすぎる	30. 人に頼りすぎる	45. とりこし苦労をする	60. 気持が傷つけられやすい

はライフスケール

第Ⅰ部

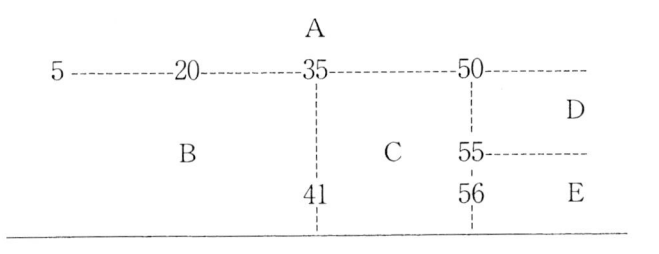

```
                        A
    5 ----------20----------35------------50-----------
                            ┆               ┆          D
                   B        ┆      C       55---------
                            ┆               ┆          E
                           41              56
```

2）次に初めて粗点合計の多寡を問題にする

　多すぎるのも，少なすぎるのも問題があり，目安としては10以下，特に5以下は過小が問題で，拒否・警戒的姿勢がうかがえる。このなかには発病初期の警戒感の強い統合失調症が含まれることを承知しておく必要がある。多い方は後述するように，通常は20以上，とくに30〜35以上を問題にする施設が多い。この場合は一般的には神経質ないし神経症傾向，とくに不安や強迫症状を主徴とする神経症が多く含まれるが，少し病状が進行した統合失調症で，警戒感が薄れ自分の世界に浸るようになった場合にはこうした傾向を示すことがある。

3）特定の項目に着目しチェックする

　次に特定の項目の指標に移る。どの施設でももっとも注目する項目は，25番の「死にたくなる」にチェックした人である。自殺念慮の項目と見られるからであるが，つける学生側はふと思ったことがある程度で，ちょっとばかり嫌になった時とか，つまらなかった時などと答える軽いものも多く，本気で自殺したいと思った例は少ないのが一般的である。25番にチェックしたために呼び出したことが学生に知られると，25番に付けると呼び出されると学生間に伝わり警戒してつけなくなるので，このことを学生に告げない方がよい。
　このように25番は神経症傾向に多く見られ，深刻さはないのが一般的であるが，なかには本物もいるので一応要注意項目には違いない。本気で正直に付けるのは，深刻なうつ状態か，進行した統合失調症の

場合であり，他の症状や項目と併せてよく見る必要がある。
　それ以外の注意すべき特定項目とされているのは49，8，56，10，55などである。49は意識障害の既往からてんかん圏の疑いが，8は家庭ないし過去が不幸であったとするもので，何らかの葛藤を引きずっている可能性がある。56は自分の匂いを気にする項目，55は陰口を気にする項目，10は人に会いたくない項目でいずれも統合失調を疑わせる非社会性の色濃い項目である。
　しかし本当に疾病性が強い場合はこれら特定項目に留まらず，関連項目群に分散して付けられるのが普通であり，したがって全体的な付け方を見ることが大事だというのはこのためである。

4) 特定項目群を抽出して見る方法

　特定の項目群とは，ライ・スケールのほか，N群（神経質傾向），D群（抑うつ傾向），S群（統合失調気質）など項目の上位属性をもつ群をいう。この方法は，項目群を選別し，群別のチェック数を見る方法である。これは学生のもつ傾向を早わかりしようとする実際的な必要から考えられた手法ではあるが，項目群相互に重複する部分が多く，選別の精度は高いといえず，診断的にはあまり有効ではない。
　ライ・スケールを選ぶ人の評価としては，ライ・スケールだけ付ける人は，きわめて防衛の強い人であり，高偏差値で頭のいい学生にその傾向がよく見られる。しかしライ・スケールの乏しい人の方はより問題が多く，自己防衛が乏しく自己破綻の危険性があるので注意を要する。

5) 数的処理をして提示する方法

　初期には有効利用の観点から，ＵＰＩの総得点のほか重要項目は何かが種々検討され，重要項目には重み付けし，修正点や加重平均を求める試みがなされたりしたが，今は行なわれていない。しかし最近でも行なわれていて，実際的な処理法がある。

ここに紹介するのは日本大学で行なわれている方法で，全項目群を7群に整理し5段階評点し，結果を出して学生に返している。7群とは非社交性，気分の波，心配症，決断・固執，身体的不調の影響性，周囲への配慮，身体的不調の程度である。このうち6項目までと精神・身体項目，精神項目，身体項目を併せた9項目を指標別・段階別数値として統計的資料にしている。段階別区分に際して重み付けを工夫しているが詳細はわからない。それ以外にも電通大では8因子分析した各成分について処理して学生に返している例もある。その他の数的処理の例もあるが，多変量解析の手法を発展させたもので，第3部に紹介する。

6）有所見者の抽出率，所見内容

1995年の堀調査の結果では，有所見で選ばれた率はＵＰＩで11.1％，ＣＭＩで7.4％，その他の独自のテストで3.6％が抽出され，ＵＰＩが一番高率であり，要継続とされる率もＵＰＩが一番高かった。しかし実際継続面接につながったのは小規模校で3.3％，中規模以上の大学では0.8％で，検診効果の歩留まりが低いという指摘がある。

面接に回された者の20％が有所見で，診断別内訳では1984年度に比べ1995年度では，躁うつ病圏が1→13％に，統合失調症圏が6→12％に，摂食障害が1→7％に増加した。神経症圏は36→33％と横ばい状態で，人格障害は20→10％に減少した。少なくとも面接に回る者でみればこのように有病者が多いことは，直接面接することの重要性を示しているというべきではないだろうか。

7）呼び出し方，伝達の仕方（利用の仕方）

身体面の異常による再検査と異なり，メンタル面での再面接では，なんで呼び出されたのかと疑心暗鬼になりやすい傾向がある。そこでいきなり呼び出さず，『テストの際に結果を知りたい人には後日結果について質問日を設定します』『テスト実施の折に相談したい人，心

配がある人は後で来てもらうが，こちらから訊ねたいことがあって呼び出す場合もありますが気にしないで気楽に来て下さい』など予告をしておくとよい。しかし質問日を設定したため，一時にたくさんの学生たちが押し寄せ，本当に相談したい学生が相談できずうろうろして救済に困った大学例もあるので，工夫を要する。日大では報告書の形で返却しているようだが，それでも疑問者には質疑応答の日を設けているようである。電通大ではせっかく用意した結果報告を取りに来るのが半数程度しかないとのことである。

　大切なのは，単に学生に結果を知らせるだけではなく，相談室や保健センターの敷居を低め，カウンセラーや保健師などと気軽に話せる雰囲気づくりをし，今後相談に来やすくすることであって，それが一番意味がある。実際メンタルチェックの意義について，1982年の調査の際，診断以外の意義として何があるかの設問に，「問題が生じた際に来やすくなる」が72.1％，次いで「精神健康の教育的意義」が47.5％と多かった。

8）テストおよび面接併用の有用性

　これも1982年の調査結果であるが，診断的有用性は「心理テストまたは健康調査」＋「全員面接」の組み合わせの場合に，かなり問題を把握，ないしはある程度問題を把握できる率がもっとも高い。次に「心理テストまたは健康調査」＋「問題例のみ面接する」場合が高い。それに対し「心理テストのみ」では把握できる比率が低くなると報告されている。したがって，これからテスト自体の有効な利用の仕方を学んだとしても，テストを過大視してはならないと認識しておくべきである。

4. ＵＰＩ作成の背景，いきさつ，および進展の経過

　1951（昭和26）年，ＧＨＱの示唆でＳＰＳ（Student Personnel Services）が必要と認識されたのが始まりで，これに基づき翌1953（昭和28）年に学生相談室が東大と山口大に設置され，1955（昭和30）年に学生相談研究会が発足した。1957（昭和32）年には東大学生診療所に専任の精神科医が配置され，後の保健センターの前身となった。1960（昭和35）年に予備調査を経て1961（昭和36）年に東大で新入生全員の面接が行なわれ，その結果では問題学生が多いこと，早期発見・早期治療の必要性が認識された。

　1963（昭和38）年の全国大学保健管理研究集会で東大の結果について秋元波留夫が特別講演を行ない，学生の精神保健確保の重要性について白石純三も講演し，早期発見のスクリーニング方法作成が急務とされた。これに連動して1966（昭和41）年に東京，京都，長崎，島根大に保健管理センターが設置され，1972（昭和47）年からは全国の大学にも順次設置されるようになった。

　1970（昭和45）年度から全国大学保健管理研究集会の中に「学生の精神衛生に関する委員会」ができ，京都大宮田尚之が中心となり小林淳鏡，稲浪正充，石川清，丸井文男，津久井佐喜男，榊原栄一など複数の委員により，スクリーニング目的のテスト（ＵＰＩ）の項目の検討が進められた。1966（昭和41）年にＡ１版の結果が小林淳鏡により報告され，1966（昭和41）年から1969（昭和44年）にかけて何度か版を改訂した。（手元にある検討途中のＡ２版，Ａ３版では64項目あり現在より4項目多かったが，1969（昭和44）年のＡ５版で現在の60項目に落ち着いた。）

　このようにして案が固まったところで，ＵＰＩについて最初の報告が1969（昭和44）年京都大の稲浪正充によりなされ，その後同じく京都大の宮田尚之が改定ＮＳテスト（Neurosis Screening Test）の名称でＵＰＩ類似のテストを作成し1972（昭和47）年に報告した。翌1973（昭和48）年には新入生に対しての適用報告が阪大白石純三に

より，新規職員に対する適用例が神戸大船阪和彦により報告された。

　UPIの作成モデルはMMPIを念頭に，東大のテスト（PPI），京大のNSテスト，名大のNMHI（Nagoya Medical Health Inventory），大阪学芸大（現在，大阪教育大学）の自律神経系の意見を参照して作成された。MMPIを簡略化し日本の学生向きにした面もあり，北大の小林義康はMMPIとUPIを同時に実施し比較し報告している。

　以来今日までUPIは，さまざまな形で，またいろいろな対象について検討されたが，以下の章ではそれらの具体的知見につき整理して，総説的に展望してみることにする。

　　注）　第3回全国大学保健管理研究集会報告書．宮田，p.83, p.101, 1965.
　　　　　第4回全国大学保健管理研究集会報告書．丸井，p.101, 宮田，p.183, 榊原，p.184, 丸井，p.186, 1966.
　　　　　第11回全国大学保健管理研究集会報告書．白石，p.219, 1974.
　　　　　第15回全国大学保健管理研究集会報告書．丸井，p.89, 1978.
　　　　　第7回全国大学精神衛生研究会報告書．白石，p.83, 1985.
　　　　　第1回全国大学保健管理研究集会．特別講演，秋元波留夫，1963.
　　　　　秋元波留夫：日本医事新報．第2078号 昭和39年2月22日号．
　　　　　秋元波留夫：異常と正常．付論 精神衛生よりみた大学の保健管理，東大出版会，p.170, 1966.

第Ⅱ部 初〜中級編

●

利用方法と判定の仕方

第Ⅱ部

1. スクリーニングはどのように行われてきたか

1）スクリーニングの対象と意図

　ＵＰＩも含めて心理テストまたは実態調査によって不適応学生ないし問題学生を選別しようとする活動は，上里によれば第1期は昭和38～44年に，第2期は昭和42年以降とくに昭和45～46年頃にかけて活発になったという。スクリーニングの意図も，神経症であったり（稲浪），増えつつあった留年学生（辻本）や統合失調症などさまざまであった。このように疾病・問題学生の心身障害の発見・予防が第一義的となるのは当然だが，心身の健康保持・増進を意図し健康教育を志向する考え方（渡辺），さらには神経症のCampusにおける表現型と一般との比較，Campus相互の比較，諸外国のCampusとの比較など，比較文化論的な壮大な目論見（稲浪）もあったようである。
　こうして始まったスクリーニングではあったが，必ずしも期待通りではなく，スクリーニングの意味ではあまり有効でなく精神疾患の発見には適さないが，神経症圏，性格問題の学生のスクリーニングには有効という見解（江尻）が示された。同様に神経症傾向，うつ状態はかなり捉えられるが，統合失調症圏に対しては無効である（大江）との報告もある。

2）スクリーニングの指標設定の工夫

　その後いろいろスクリーニングの精度を上げる工夫がなされ，有効なスクリーニングの指標づくりが報告された。
　第1は総得点の量的多寡の問題である。30以上の得点の多い者の中に問題学生があるとして2次面接の対象とする報告（平木，江尻，柴田ほか）が多くあったが，その反対に低得点，特に0点に統合失調の疑いのある者など問題学生が多いという指摘（江尻，柴田，石川）もあった。

第2はＵＰＩと他のテストバッテリーを組んで補足するという提案で，ＳＣＴで補う（渡辺），ＳＰＴを組合わせる（吉岡），ＵＰＩの異常者にはＹＧとＣＭＩを施行する（大江），ＮＩＭＨ（名大式）を使用し，後にはＭＭＰＩに変更した（小口）などがある。

　第3には統計的な手段を加味した工夫であり，いくつかの方式があった。

　①保健管理センター来談者，非来談者間で出現率に有意差があった項目で一次選択をする，②疾病に関連する10項目にチェックしたものを選抜する（大江），③項目を等価に扱わず重要項目と目される項目に加点し修成点を出す方式（中央大，津田塾大），④臨床症状対応の群別得点を出し比較する（畑中，丸井），⑤小柳による10因子分けした各因子の中の項目別の差を求める（大江），⑥判別方程式を利用し重み付けを行なう（磯田）などが提起された。このうち③④，さらに⑤⑥になると計算が煩雑になるため実用向きとは言えず，実際にはあまり使われなかった。

　　　注）②の10項目とは，11，14，25，26，54，55，56，67，58，49である。
　　　　　③の加点の中央大方式とは，8，10，12，25，26，34，41，49，55，56の各項目は5点　6，11，13，14，16，17，28，31，52，58の各項は3点　5，20，35，50の各項は2点とし，残りの36項目は1点と数え，修正点合計が50点以上を呼び出し対象とする。
　　　　　④の群別のうちＮ項目は，14，16，21，22，23，24，25，26，29，30，36，38，39，40，41，42，43，44，45，51，53，54，55，56，58，59，60（稲浪1971）の30項目
　　　　　Ｄ項目は，8，9，12，13，15，16，17，22，25，27，29，38，42，44，46，54，59の17項目
　　　　　Ｓ項目は，10，11，14，21，26，28，40，41，43，55，56，57，58，60の14項目
　　　　　Ｅ項目は，15，17，18，23，24，39，48，49，51，53の10項目（船坂）
　　　　　Ｕ項目（環境的・対人的問題）は，7，8，10，30，40，41，43，56，57，58，59の11項目

第Ⅱ部

　　　　K項目（身体的訴え）は，Ａ5版上でライ・スケールより上段の16項目
　　　が選別対象項目になっているが，それぞれに重複している項目が多いので疾病分類には役立たない。ある傾向をもったものを選抜するだけの指標でしかない。
　　⑤の10因子（小柳）とは，
　　　　F 1：心配性，強迫の因子で9，13，22，36，42，45，51，52，
　　　　　　54，57，58，60の12項目
　　　　F 2：身体不調の因子で1，2，3，17，46，48の6項目
　　　　F 3：妥当性の因子で5，20，35，50の4項目（ライ・スケール）
　　　　F 4：易怒性の因子で6，15，に3，24の4項目（情緒不安定）
　　　　F 5：自信欠如の因子で21，29，30，38，39の5項目（自主性の欠如）
　　　　F 6：悲観・抑うつの因子で8，11，25の3項目
　　　　F 7：疲労感，意欲減退の因子で12，14，27，28，46，18の5項目
　　　　F 8：身体緊張の因子で4，31，32，33，47の5項目
　　　　F 9：対人関係忌避の因子で10，26，41，43の4因子
　　　　F 10：被害感の因子で40，55，56，59の4因子
　　　である。
　　　　その他ＵＰＩの60項目に独自の項目を追加している大学もあり，統合失調症発見のために4項目を加えた愛知教育大案ほか，埼玉大，東工大，鳥取大，山形大などが項目を追加している。以上がスクリーニングに際して，項目選定に関する知見である。

3）スクリーニングテストの評価に対する迷い

　一歩踏み込んだ工夫がなされることもなく成果も得られぬまま，やがてスクリーニングへの期待が薄れ，援助につながる効率が悪いとして，ＵＰＩを中止する大学がたくさん出た。具体的理由として，統合失調症，そううつ病と診断された者のＵＰＩに異常所見がなかったこ

とと，ＵＰＩの異常所見者と正常所見者の追跡調査で差が見られなかった（小口）などがある。こうした結論に終わってしまった理由として，一つはＵＰＩの正常，異常所見の定義のコンセンサスがきちんと得られていなかったことと，今一つは異質な対象を選別する方法論が確立しなかったためと私は考えたい。

4）ＵＰＩの記入方式の工夫と検討

次に，ＵＰＩの記入方式に関する工夫，改良についての報告を記す。吉村らは（1995～1996）従来の二件法を改め，該当する肯定項目にのみ○をつける自発記入方式を検討した。その意図するところは，検診の効率を上げるため，二件法より少ない反応からでも多愁訴的な学生を抽出できるところにあるとしている。その後，麻生らは回答様式による結果の望ましさを検討し，「はい」1点，「いいえ」0点とする自己採点方式が最もよいとした。

その逆に信州大の高橋知音は4段階のＵＰＩを作成し，二件法での諾否よりきめ細かな回答を求めることで信頼度をあげようと意図し，信頼性，妥当性の検討も行ない，長年懸案だった標準化の使命を果した（2004）。

5）再面接者の呼び出し基準

呼び出しの仕方については先述のように，ＵＰＩの粗点合計の多寡，指標とする項目の選択者，面接時の印象および相談希望者から呼び出し，二次面接を行なうのが通例である。正保・安斉らも，得点の高低よりは否定的な対人関係を示す項目 10, 11, 43, 40, 25 の選択と，ライ・スケール選択の過小とくに 35, 50 の陽性率の低さが，臨床群を非臨床群から区分けする項目として呼び出しの際に配慮すべき点と強調している。

森岡の 80 国立大学の調査によれば，心理テストは 61.8％に行なわれ，ＵＰＩはテスト実施 42 校中 30 校で行なわれており，呼び出し基

準は呼び出しをする20校中15校は得点数で，30以上が9校，35以上が2校であった。呼び出し対象項目としては25, 8, 55, 49, 56, 34が，なかでも25と8が多かった。

6) テスト結果の返し方，伝え方

　スクリーニングに用いたテストの結果がどの程度が学生に伝えられているのかは大いに気になるところであるが，近田の1995年度の調査結果では，ＵＰＩの実施校78校中59校が一部（31校）ないし全員に（28校）伝えていて，これは施行校の75.6％で，おおよそ4分の3が本人に結果を開示しており，予想以上に好ましい現状である。

2．UPIの各項目の出現率など

1）各項目の出現率

　各項目の出現率についてはこれまで多くの報告がなされており，到底全部は紹介しきれないので，ごく代表的な報告のみに限って紹介する。初期の報告は白石純三（1971）が1960～1970（昭和35～45）年度まで約10年間の資料を検討し，UPIについては1970（昭和45）年度新入生のデータの要点のみを報告し，後に辻本太郎（1978）が詳細に報告している。要点とはチェック数，反応の多い項目，少ない項目の上位10項目の出現率，男女別特徴，学部別特徴を検討したものである。

（1）総チェック数は平均17.9で，男17.9，女18.2と女性がやや多い

　出現頻度数別の分布は，0～9帯が23.6％，10～19帯が35.8％と最大で，20～29帯は27.1％，30～39帯は10.4％，40～49帯は2.9％，50～59帯は0.2％であった。因みに30以上のチェック者は，自殺傾向の33.3％，神経症傾向の28.5％，精神病傾向の14.2％を占めていた。

（2）反応上位の10項目

　次に反応の多い上位10項目，少ない10項目については，多い項目順に35，21，29，45，15，14，51，42，39，36であり，少ない方は49，56，59，55，8，25，19，37，47，4であった。

2）学部差

　辻本の報告では，学部別では文学部と工学部の比較を表示していて，文学部に有意に多い項目としては15，23，36，13，60，12，6，26，41，25の10項目が挙げられ，工学部に有意に少ない項目では10，26，46，23，22，28，13，51の8項目が挙がっている。この両学部に共

通した項目で相違をみると，23は文学部では59.5％なのに工学部では30.2％と少なく，13は文学部では58.2％なのに工学部では37.0％と少ないなど，工学部ではくよくよせずさっぱりしたタイプが想定されるのに対して，文学部では以上の他5，35が少なく明るさが少なく，蔭のあるタイプが多いようで，学部差を考慮しなくてはならないと明記されている。その他の学部（法，経，理，医，薬，歯）については，とくに目立つ項目の増減のみが記されている。

その後同大学の奥田によれば，自覚症状項目の得点は文系学部では文学部，人間科学部，法学部の順に高く，経済学部では低い。理系学部では理学部が高く，医学部，歯学部，薬学部では相対的に低い。自覚症状項目に対してライ・スケールの平均得点は，上記の自覚症状項目と相反の傾向を示し，より抽象的・理論的色彩の強い学部志望者では，応用的・実用的な性格の学部志望者に比べると，自覚症状項目の得点が高く，ライ・スケールの得点が低い特徴があるとまとめられた。

3）男女の性差

すでに辻本の報告でも男女別の特徴について，男性で有意に多い項目は，21，51，39，52，34，32，47であり，女性に有意に多い項目は35，18，60，23，24，33，17，11などで，かなり性差があることを報告している。その後，澤田も男性では15，21，42，29が多く，女性では35，17，18，48が多いとほぼ同様の傾向を指摘している。後に辻本と同じ阪大の奥田（1992）の報告では，男子に有意な項目は51，42，58，39，21，52，28の7項目で，女子に有意に多い項目は18，45，22，36，23，30で，共通の傾向が見られる。

吉野も（1992）に男女差について詳細に報告しているが，性差のある項目はかなり多く，1％有意で男性優位な項目は16，34，47，9，21，52，女性優位は3，17，18，31，33，48，22，23，24，30，45，60，5，20，35，50と多数であったが，上月ら（1993）もほぼ同様の結果を報じている。

この性差の所見に対して吉野が，青年期男女の身体精神症状の特

性と防衛の仕方の切り口でつぎのようにまとめているのは慧眼である。すなわち身体性に関して，男性は局所的に悩みを凝縮するのに対し，女性は内分泌・自律系症状や消化器症状で曖昧に示す。対人場面での緊張を，男性は冷や汗，気の小ささで悩むのに対し，女性は赤面，肩こり，気疲れとして自覚する。軽度の不適応に，男性は不眠で，女性は頭痛で反応する。不適応に対し，男性は強迫的な防衛を，女性は怒りという行動をとりやすい。

沢崎も（1988）若干データこそ異なるが同じ結論として，男性では強迫的から不安の強い心性を，女性は緊張による身体症状を示すと記述した。

平野も男性は抑うつ的，強迫的，自閉的であるのに対し，女子は心気的，軽躁的で，1990年頃から男女の性格傾向は一層顕著となり，受験制度の変革の影響が関与しているとした。

吉野も，防衛の仕方では男性はライ・スケール0で表現し，女性はライ・スケールをチェックして表現する。社会性について，男性が将来の不安につき漠然としているのに，女性はより具体的日常レベルで自立の難しさや自尊心の傷つきやすさで悩んでいる。自分をよく見せる傾向は女性の方が優勢であるなどの見解を示している。

4）項目全般としての年次別の経年変化

年次別経年変化については，保健センターが軌道に乗り資料も蓄積された1988年頃から続々と年次別推移の報告が出始めた。沢崎（1988），小谷野（1992），須永（1992），奥田（1992），上月（1993），杉田（1998），平野（1998）などである。

（1）総得点の経年変化

諸報告を整理すると，ＵＰＩ総得点については統計的に有意な漸減傾向とする報告が沢崎，奥田，上月によりなされ，統計的検討ではないが田中，小谷野も減少傾向を報じている。一例として奥田は，ライ・スケールの50，20と42のみが減少傾向を示し，58，18，23，13，47，

55, 25は増加の傾向を示したと報じている。

　一方，このように単純な漸減ではなく一律ではないとする吉野その他の報告もあり，それらは入試の体制変化と関連があるという指摘である。それらの報告に共通にする総得点増減の時期は，1977〜1981年増加（沢崎，田中，平野），1983年微増（小谷野），1989〜1991年に増加（吉野，平野）79と1996年に低下（平野）というものである。

　彼らが指摘するように入試制度はしばしば変更があり，1979年共通一次試験開始，マークシート方式の導入，1980年理系の二次試験には数英が課せられ，1981年には数理に変更された。1983年定員が増加され，1987年複数受験化，1989年分離分割方式，1990年よりセンター試験の形式で統一されたなど，目まぐるしい変化があり，受験生が動揺しないわけがなく，ＵＰＩに何らかの影響があっても不思議ではないが，入試制度の変化とＵＰＩ反応上の変化を一義的に関連させるべきではない。

（２）因子別の経年変化

　総得点ではなく，いくつかの要素別に年次変動を見る立場の研究もある。その１は因子別の変動を調査する手法であり，田中らは小柳に準じて10因子について調べたが，Ｆ１からＦ10まで全因子とも1977年から1980年にかけては増加し，1983年から減少しその後微増していると報じた。上月らは平山に準じて８因子分けして調べたところ，こだわりの因子，身体的訴えの因子，抑うつ症状の因子，不信・嫌人の因子では0.1％有意で減少し，気分変動の因子は５％有意で減少していると報告した。

（３）ゾーン別の経年変化

　第２の手法は症状群別，ないしはゾーン別の変化をみる手法である。両手法は本質的には同じだが，前者は特定の同種の項目群についての変化をみるのに対し，後者はＡ５版上の区域（ゾーン）ごとの変化をみる手法である。

　前者の立場をとる小谷野の結論では，一般症状項目，強迫傾向，身

体的不調の項目は変化がないのに，神経症的対人項目と分裂性の対人項目では増加しているとした。平野もほぼこれに相当する区分をしているが，結果は漸減でなく，1978年，1981年と1990〜1991年に増加の山があり，1979年と1980年に落ち込みがあるとの結果を出している。

ゾーン別に検討した吉野は，年次別より男女別の相違に重点があり，年次別変化はライ・スケールしか記していない。それによるとライ・スケールは1988年に少なく1989年1992年に多かったことを記している。同じくゾーン別に検討した上月は，A領域の身体化，B領域の抑うつ症状，C領域の不安は0.1％有意で減少し，E領域の被害・関係念慮は1％レベルで有意に減少し，D領域の強迫傾向は5％有意に減少したと詳細に報じた。

（4）項目ごとの経年変化

各項目ごとにみた年次変化の追跡結果を示すと，小谷野は年次別に有意差があり増加した項目として55, 57, 58, 23, 29, 36, 39, 31を挙げ，須永は追試して55, 57, 58, 31は1％有意での増加，29, 39, 32, 36, 44は5％有意での増加とした。奥田は55, 58, 45, 13, 23, 25, 18が5％有意で増加とした。末広も57, 23, 6, 9が年次増加を報じ，杉田は18, 13, 58が1％有意に増加し，6, 23, 25, 57, 14, 36, 7, 9, 30, 3, 38, 55が5％有意に増加を報告している。

逆に年次別に有意差があり減少した項目について，小谷野は26, 52, 35, 50を挙げた。須永はこれを追試して1, 46, 12, 35は1％有意で減少し，17, 27は5％有意で減少と報じた。その後奥田は50, 20, 42が5％有意で減少としている。末広の報告では11, 26, 60と独自の追加項目のはにかみやが減少としている。杉田も奥田と同様に50, 20が1％有意の減少1, 2, 21, 42が5％有意に減少と報告した。

これらの報告から共通する心理的動向として，対人過敏性，抑うつ気分の増加と活動性，被受容性の減少が読み取れるのである。

25番項目の選択率の経年変化は，杉江によれば20年前30年前の調査と比較し，全体として顕著な差はないが，以前にはあった女子が

多いという性差がなくなったと報じている。

（5）頻出項目の経年変化

その他これらの報告に際して，注目すべき見解を須永が述べているので紹介しよう。

①頻出項目として10年間上位にある項目として35, 29, 39があり，気分が明るいが，自信が乏しく自己決定の不安な人が一貫して多い。

②精神的消耗を示す項目14, 21, 22, 38, 45, 54が1980〜1981年，1983年に増加し，これは有意差はなかったが，入試制度に依存した症状と考えられる。

③減少したものと増加したものを総括して，身体的不調和感と心気傾向を身体レベルで表現せず心理的違和感で表現するようになった。

④増加した項目の55, 57, 58, 31を選んだ人は，対人過敏性ではあるが，56, 59, 43, 40を選んだ人より被害色はなく，一種の対人緊張感の人と見られる。

⑤いわゆる重要項目とされて呼び出しポイントになっている25, 8, 56, 49には年次変化なく一定の出現率を示していて，学生の時代変化を反映していない。

傾聴に値する見解である。

3．進学前の諸経験のUPIへの影響

　ここで扱う状況とは，学生の入学前の集団活動の有無，進学塾や受験などのストレスの影響の有無で，入学後の不適応の要因など社会的・環境的要因の相違がUPIによるスクリーニングで予測可能かということで，この可能かどうかに対する疑問が初期にはあった。そのため，心理的・精神的側面の検討とは別個に，入学前のクラブ活動の有無，進学塾の影響，受験時と入学後の比較，入学後の就学能力等がUPI所見に反映するかを検討した報告があり，それらの所見について順次記す。

1）中高時代の課外活動の有無

　船坂は中・高校時代の課外活動の経験群と未経験群，経験群では運動部か文化部所属か，両方に所属かによりUPIの高得点者に差異があるかを調べた。

　経験者は90％以上であった。29点以上の高得点者をチェックすると，未経験群では8.54％，経験群で5.45％と有意差はなかった。学部ごとでは学部差があり，教育学部，理学部では文化部経験者に高得点者が多かったが，経済学部では運動部経験者に高得点者が多いなどで，結果は一様ではなかった。

2）学習以外の生活経験の有無

　小柳は学習以外の生活経験として，自発的体験や勉強以外の興味・関心など，自主的経験が多いほどUPIの得点は低く，下位項目では自信欠如，意欲減退，悲観的，不安，神経過敏などと強い関連がみられたことを報告している。受験と神経症との関連については平山が報告している。各種の生活習慣との関連を調査した梶川らの調査結果では，睡眠時間，外食頻度，口腔内所見，肥満指数の多い方がUPI総

得点は高いが，有意差はない。

3）その他

　保健センターへの相談希望者の方が希望しない人より有意に総得点が高かった。いじめられ体験については何人かの報告があり，奥村らはいじめられ体験がある者ではない人よりＵＰＩのチェック率が高く，項目では気持ちが傷つけられやすい，やる気が出ない，不平不満が多い，他人に陰口を言われる，くり返し確かめないと苦しいの５項目が際立って高かったというが，詳細は５．の６）で述べる。

4．入学者の群別ＵＰＩ比較と特性

　ここでは対になって比較する対象と，精神的な問題性をはらんだ検査対象の二つがあり，まずは対にして比較対照する方から始める。

１）現役生と多浪生の比較

　伊崎による現役と多浪生の比較の報告によると，多浪生（4浪以上）は入学時の成績は現役より若干良いくらいなのに5～6年次には低下し，留年率は目立って多くなる。ＵＰＩについては，総得点では現役と差異がないが，症状域別では身体的訴えのＡ領域，強迫傾向のＤ領域で現役より低く，劣等感のＣ領域では現役より高い。多浪の中でも留年する人はしない人と比べて抑うつ傾向のＢ領域，劣等感のＣ領域では高いが，Ａ領域とＥ領域では差がなく，Ｄ領域では微増に留まった。ライ・スケールでは，現役が多浪より高い値であった。

２）学部新入生と大学院新入生との比較

　学部新入生と院生新入生の比較について田畑の報告は，両群の年齢構成と男女比構成がかなり異なる資料であり，年齢では院生が教職経験者が3分の2を占めるため12～3歳年上，男女比率は学部生は57％が女性，院生では女性は11～16％だけと少ない構成である。その条件下で，総得点では学部生の方がチェック率が高い。
　項目の選択順位はライ・スケールを除き，院生では，「18 頸すじや肩がこる」「27 記憶力が低下」「22 気疲れ」「42 気をまわしすぎ」「45 とりこし苦労」と続く。学部生では 18, 42 の他「29 決断力がない」「58 他人の視線が気になる」が続く。両群間で有意差のある項目は，院生が高いのは「27 記憶力低下」と単年度ながら「43 つきあいが嫌い」の2項目。学部生が有意に高い項目は，7, 12, 15, 29, 30, 35, 39, 48, 50, 58 と多い。

ライ・スケールは，学部生で32〜39％，院生では18〜23％と，若い学部生が高くなっていて，これは活動性が高いためとしている。

　報告者は，院生は一見しっかりし安定しているように見えるが，精神不安定で疾病ありとみなされた症例が多く，この点からＵＰＩだけでのスクリーニングでは疾病発見の限界があり，他の方法を組み合わせる必要性を指摘している。

　堀らの報告は，学部生，院生のうち4つの呼び出し基準（総得点35以上，25番チェック者，相談事項あり，相談・治療履歴あり）を満たした人に対する呼び出し率，面接率，要面接継続率およびＵＰＩ項目の内容検討をしたものである。

　その結果，呼び出し理由は院生の方が相談・治療履歴が多く，要継続面接の判定を受けた者でも院生の方が相談・治療履歴が多く，かつ相談希望が2倍以上多く，院生の方が問題解決の気持ちが強いと想定している。

　ＵＰＩのチェック内容では，総点30以上の割合は院生が3.5％，学部生は6.0％で，院生の方が精神健康度が高いとしている。

　チェック率が高い項目は，両群とも13，14，36，39，44などが上位を占め，院生では「45 とりこし苦労する」と「27 記憶力の低下」が多く選ばれ，学部生では「22 気疲れする」と「57 周囲の人が気になって困る」のチェック率が高い傾向がある。実際25番チェックした学生のＵＰＩ比較では，院生に有意に高い項目は「27 記憶力低下」「4 動悸や脈が気になる」と「47 気にすると冷汗がでやすい」であり，学部生に有意に高いのは「15 気分に波がある」だけであった。

　5つの症状別領域比較では両群に有意差はないが，院生の方にＢ抑うつ，Ｃ劣等感，Ｄ強迫傾向の高い傾向がみられた。

3）一部（昼間）学生と二部（夜間）学生の比較

　次に1部学生（昼間）と2部学生（夜間）の比較データがある。報告は坂口による教員養成課程の学生での11年間の比較である。男女比は1部は男対女=1：1.46，2部は男対女=1：1.13であった。結果

は12項目の有意差があり，1部の方が多い項目は「18頸すじや肩がこる」「58他人の視線が気になる」の2項目だけで，10項目は2部の方が多くなっている。

とくに有意差が大きかった項目は「8自分の過去・家庭は不幸である」「9将来のことを心配しすぎる」と「36なんとなく不安である」の3項目であり，これに続いて「27記憶力の低下」「53汚れが気になって困る」「51こだわりすぎる」が1部より多い。その他2部で多いのは，「11自分が自分でない感じ」「15気分に波がある」「2吐気・胸やけ・腹痛がする」「28根気が続かない」であった。

4）日本人と外国人学生の比較

桜井の報告での外国人は主に欧米系外国人かと思われるが，概して高得点者，自殺念慮のある人がおらず，S，D，N等に傾く人が少ない。

個別の項目では有意差の検定はしてないが，外国人に多い項目は5，50で，その他では9，52，53，55など，とり越し苦労や強迫症状，自己臭などで日本人的な点が意外であった。逆に外国人の方が30％以上少ない反応は18，22，29，42，51などで，肩こり，気疲れ，決断力なし，気を回す，こだわるなどであった。

英語で回答する帰国子女（セミジャパ）の反応は，外国人に似た反応（9，19，25，26，44，51，52，53，58，60）と日本人的な反応（13，14，18，22，23，29，30，39，45，48，57）の両国の成分を併せ持っているところが興味深い。

浅井の報告では，大学で1970～1971年度の調査結果では得点分布は日本人学生と変わらない。男女差はない。理系の得点は文系と比べて有意に高い。先進国出身と発展途上国出身での有意差もない。概して外国人学生の方が自主独立的で楽天的であった。

1985年度の再検で回答した全国別内訳は，出身地域別ではアジア・アフリカ系21，中南米系23，欧米系10であった。平均チェック数は男6.4，女7.8と女性の方が高い。チェックされない項目は「25死にたくなる」「37独りでいると落ちつかない」「56他人に陰口をいわれ

る」であった。男女合わせての上位9項目は5, 20, 9, 7, 35, 34, 50, 21, 39の順番で, 男女構成は男34, 女12であった。また質問表はそれぞれの自大学で作成した英語版を使用しているが, スペイン語系, 中国語系学生では英語による設問の意味がよくわからない人も多く, テストそのものに問題があると指摘している。

次の福本らの報告ではアジア系留学生が87.5％と多いため, 中国語版, 英語版と日本語版を用いている。福本らによれば, 平均総得点は新入生10.6, 留学生全体で9.53, 4年留学生8.87と低めながら有意差はない。ライ・スケールしかチェックしなかった者は, 留学生は26.3％と日本人新入生の8.15％に比べ有意に高い。個別の項目で留学生に多かった項目は, 4, 46, 49であり, 逆に少なかったのは, 15, 28, 52であった。

5）留学生自身についての所見

福本によれば, 留学生は基本的に大きな問題はないが, 気疲れ, いらいらや取り越し苦労はあり, ときにだるく, 自信のなさを感じていて, 統計的な有意差はなくともチェックした背景を考慮する必要があること, および質問項目によっては日本語版, 中国語版でも真意を理解されていない場合がある。とくに対人関係の項目40, 44, 58は, 理解が困難なようだったとしている。

奥田の9年間の縦断調査で, 留学生のライ・スケールのチェック数は日本人学生と比べ有意に高く, 日本人が1.79に対して留学生では2.43であり, 前述の浅井の報告と同じ結果が得られている。

米原は1,600人分5年間のデータを分析し, 日本人, 留学生ともライ・スケールが頻出項目となっているが, 留学生の方は20, 50の2項目が日本人より上位で頻度も高く, 外向的である。日本人より有意に高い項目が, 男子では7, 9, 16, 27, 49, 53, 55など活力の低下と留学成果への不安であり, 女子では9, 16, 27, 47, 53, 54, 55が日本人より高く, 活性低下・自律系の不安状態と対人過敏性が自覚されやすい結果が出ている。

6）女子学生についての所見

　これまでの女子学生についての所見報告を振り返ってみると，湊による5大学女子学生のまとめでは，女子が男子より高い項目として10，17，18，25，48，60を挙げている。これは心気的項目（17，18，48），対人的項目（10，60）および25番の「死にたくなる」であり，女子学生は気軽に25番にチェックする傾向があるとしている。その他3，5，11，23，24，31，33，35，50も多い傾向にある。このうち5，35，50はライ・スケールであり，それを除くと，3，11，23，24，31，33で，3は心気的，31，33は自律系，23，24は情動問題であり，女子が優勢でありそうな項目群といえそうである。

　江尻の報告を参照すると，上位10項目と重なるのは35，50，5のライ・スケールと18と60で，重ならないが女子で上位を占める項目は29，22，36，42，45であった。

　伊藤は女子における25番チェックの意義について因子分析をもとに詳細に吟味して報告しているが，どちらかといえば25番項目の意味に重点があるので，7．の3）25番項目（希死念慮）の項で紹介したい。

　大江も5年分の女子大での上位5項目は18を最上位に，あと35，5，20，3と続き，女子大生全体としては明るく，体調よく活動的だが頸すじや肩にこりがあり，下痢・便秘の傾向があるとした。ＵＰＩの問題項目10項目をチェックした抜粋群の上位5項目は，58，18，29，15，30で，新入生全体での上位5項目中3項目がライ・スケールを占めているのと相違を示した。似た所見としてＣＭＩ（Cornel Medical Index）の領域区分でⅢ・Ⅳ領域（どちらかといえば神経症および神経症範囲）にあるもの（5％）では，ＵＰＩの平均チェック数がⅠ・Ⅱ領域（正常およびどちらかといえば正常範囲）の者より有意に高く，表現されやすい項目は18の他15，22，30，23，29，58，36，51，2などを挙げている。

7）女子4大生と短大生の比較

　次は女子の4大生と短大生の比較についてである。
　渡辺（純）らは短大生の方が有意に多い項目は，「33 体がほてったり冷えたり」と，20，35 のように活動的で気分も明るく自己肯定的項目であった。一方4大生の方は，身体症状も多いが（1，4，19），精神的には抑うつ・不安・嫌人的な項目を選択しており（6，10，27，28，29，38，43，44，45），教育的ストレスにさらされ自信を弱め，人と距離をおこうとするなど，教育環境の差異がこのような差となって現われたのだろうと論じている。
　その後の江口による女子4大生と短大生の調査では，上位5位までの選択項目とチェック率で両者に大きな差はないとしているが，4大生の方が「35 気分が明るい」を多く選び，かつ「5 体の調子がよい」も選択し，あとは「58 他人の視線が気になる」を選んでいる。他方短大生は「22 気疲れ」「36 なんとなく不安」を選択していて元気が見られず，先の渡辺氏の報告とはニュアンスを異にしている。「18 頭すじや肩がこる」と「29 決断力がない」は両群とも選び，チェック率も変わらないところから，女子学生共通の事象とみなされる。

8）高専生についての所見

　高専生については一つだけ報告があったが，アンケート調査の結果が主でありＵＰＩについては学科別，学年別，男女別の総得点しか報告されず，高専生の特性については残念ながら触れられていない。そこで把握されたのは，学科別の差異はないが学年別，男女別総得点に差異があるということだけである。

5．疾病以外による不適応状態のＵＰＩ

1）留年生全般について

　ＵＰＩが作られた当初から，留年など入学後の不適応学生の早期発見とチェックの必要性の認識はずっとあり，1969年以来，辻，岨中，遠藤，細木，石谷，笠原，丸井文男らが留年学生の原因と対策について論じ，安藤延男は7つの類型を提示した。留年学生のＵＰＩについて真正面から取り上げたのは湊ら，次いで安東であった。それ以前に辻本の詳しい報告が先行しているが，精神障害の余録的な扱いだったので，後に追記することにする。しかし辻，岨中，笠原らの先行研究で大事なことは，留年者は単なる留年ではなく，そのうちの4分の1には精神衛生上の問題をもつものを含んでいるとの指摘がすでにあった点である。岸らも留年学生の4分の1がＧＨＱ検査で神経症水準だったと同様に報じている。

　湊は教養部留年の外的属性について取り上げた。1留には入寮者，2留ではアパート入居が多く，1留では趣味の記載なく，2留では音楽・読書など受身的で，運動系の部加入が少なく，学内知人がいないのか記載なしが70％もあった。性格は1留では大胆，無口，2留では楽天的，小心が，3留以上では内気・小心・非社交的で頑固・几帳面・わがままが多かった。ＵＰＩは1留では，「33 体がほてったり冷えたりする」「40 他人にわるくとられやすい」「43 つきあいが嫌いである」「52 くり返したしかめないと苦しい」「56 他人に陰口をいわれる」が多く，強迫‐人間不信‐自律神経系の問題が浮き彫りにされた。上述の岸らの調査でも，神経質，お人よし，正直，義務感が強く，まじめで強迫的・完全癖のところがあると記している。

　湊はさらに2留については有意差のある項目は少ないが，「23 いらいらしやすい」が少なく，「27 記憶力が低下している」が多く，覇気の無さ・活動性の低下をうかがわせる所見であった。

　鷲見らの臨床報告でも，3留年以上の留年者は，35例中半数が安

藤の分類による意欲減退型，登校拒否型，モラトリアム型に属し，カウンセリングないし精神医学的治療が必要だと述べている。

2）多留生の問題

安東は2留以上8留までの1,420名について，平均得点，項目別比較，頻出項目の比較，因子分析の結果および面接結果まで詳細に調べ報告した。それによると，2留では対照群の全学生と有意差がないが，3留群，3留以上，5留以上では平均得点が対照群より有意に高い。

ついで項目別の比較では，全留年群が全学生群に対して有意差のある項目は5，8，12，14，15，16，20，25，26，27，28，32，35，40，43，46，48，50，52，55，58，60であり，このうち留年群の方が少ない項目は，5，20，35，50のライ・スケールと「52くり返したしかめないと苦しい」であった。

留年回数別ではそれほど明確ではないが，2留群では「9将来のことを心配する」が少なく，「21気が小さすぎる」も少なく，3留群ではためらいがちや引け目を感じることが多い。5留以上になると，「41他人が信じられない」「56他人に陰口をいわれる」「59他人に相手にされない」など対人項目が目立つようである。そこで安東は，留年学生は入学時から一般学生より無気力で心気的であり，受診学生ではさらに抑うつ，対人不安，強迫傾向が認められると指摘している。

頻出項目を見ると，留年群では全学生群と比べると，気分の波，決断力のなさ，根気が続かない，他人の視線が気になる，何となく不安などが上位になっているのが目立っている。

3）留年生の因子特性

安東は，留年群578名のUPI資料を3因子分けして，第1因子には強迫・対人過敏の因子が，第2因子には心気的な因子が，第3因子には抑うつ・抑制の因子を抽出し，とりわけ第2因子の心気症状に属する諸項目に全学生群と有意差のある項目が多かったと報じた。

医師による面接所見では，留年群ではS"=Schizothym（"記号は，気質ないし傾向を指す）な傾向とMD"=Manic-depressiveな傾向が全学生群より有意に高く，Schizothymな者は全学生群よりむしろ受診群に近く高い比率であった。

　ここで，最初に多変量解析を導入して新入時のＵＰＩ資料の分析を試みた辻本の所見ではどのような結果であったかを参照してみよう。

　手法として林の数量化理論第Ⅱ類を用い，進学群と留年群を判別するため重みを与えたＵＰＩ項目の数値が高い順に10位までを挙げ，進学群と留年群との相違を示したのみならず1留群と2留以上の群との相違も明確に示している。

　すなわち進学者では将来の不安とさまざまな気遣いによる緊張感・心気症状が主なのに対し，1留群では根気が続かず，「過去や家庭が不幸」「気分に波，冷や汗が出やすい」「独りで居ると落ちつかない」「死にたくなる」「胸が締め付けられる」「こだわりすぎる」「変な匂いがする」など，全般的な不調・不安・心気症，過去や周囲への肯定感のなさが基調になっている。2留以上群では生き生きと感じられず，「冷や汗」「変な匂い」「気分に波」「根気続かず」「独りで落ち着かず」「つきあいが嫌い」「周囲が気になって困る」「死にたくなる」「気をまわしすぎる」の順で，明らかに生気が薄れ，疲れ果て，嫌人的で孤独になり，希死感が漂う。これらの徴候がすでに新入時に現われていることは重要である。

4）不登校学生の因子特性

　次に留年と関係深い不登校学生についての調査研究がある。小柳の定義では，心身の疾病によらず，家庭の経済的理由がなく，修学を妨げる問題がなく3カ月以上登校せず，すべての講義を欠席している者を不登校とした。

　調査年度の44名の不登校学生でのＵＰＩの平均得点は，対照群の9.5に対し11.8と高いが有意差はない。また総得点も，25点以上の者が不登校群5名対照群1名，で不登校群が多かった。小柳による10

個の因子得点別比較では，すべての因子で不登校群が高いが，有意差があったのは第9因子の対人関係忌避と第10因子の被害感であった。対人関係忌避に含まれる項目は「10 人に会いたくない」「43 つきあいが嫌いである」などの4項目，被害感の因子には「56 他人に陰口をいわれる」「40 他人にわるくとられる」など4項目が含まれるがいずれも対人関係に関する項目であり，大学でも不登校現象には対人関係の困難性が強く影響していることを示すと論じている。また，44 名中コンタクトが取れたのは4分の1にすぎず，フォローの難しさを問題視している。小柳の不登校学生の報告を前述の留年生の結果と対比すると，対人関係に問題がある点に共通点があり同根の現象かと思われる。

5）スチューデント・アパシー

　スチューデント・アパシーは1975年以降あたりから漸増し，1980年に頂点に達し症例検討や報告そして共同研究も行なわれた。類型，臨床，病理，家族病理，働きかけなどが検討されたが，clinical entity としては疑問視されている。性格の類型（回避性，分裂気質，未熟性），抑うつ状態，統合失調病質との異同などが論じられ，ロールシャッハテスト上の区別は示されたが，ＵＰＩのデータはなぜかまったく示されなかった。

6）いじめ，いじめられ体験

　過去のいじめ・いじめられ体験は大学生になってまで影響を残すものであり，奥村らの調査では，何らかのいじめられ体験のあるものは13.2%，いじめの種類としては言葉の暴力，暴力，無視の順で，対処行動としては耐えた，我慢したが一番多い。いじめられ体験に対する現在の気持ちを45%の人は克服しているが，悔しい・許せない・つらく思い出したくない等が22%残っていた。ＵＰＩの調査でみると，いじめられ体験ありの人でＵＰＩのチェック率が他の群より有意に高

い項目は「60 気持が傷つきやすい」「12 やる気がでない」「6 不平不満が多い」「56 他人に陰口をいわれる」「52 くり返したしかめないと苦しい」となっているのは注目に値する。

いじめについて継続的に研究している遠山・豊嶋らの報告においても，いじめは小学高学年から中学前後にかけていやがらせから始まり，無視，仲間外れに及ぶ。大学生のおよそ45.2％が何らかの被害または加害に関与し，被害のみは19.2％で，被害から加害に転じることが多いこと，対処法として我慢，または無視が7～8割と多い。

いじめ体験の現在への影響について，マイナスの影響としては，友達の視線が気になる，話すとき相手の顔色を窺うなどの対人過敏や，人をあまり信用できなくなったなどの対人不信感，意地悪になった，消極的になったなど歪んだ対人関係や，取り残されるのが怖くなったなどの対人恐怖があり，上記のＵＰＩの所見に酷似している。

プラス面もあることはあり，忍耐力が増した，他人の痛みがわかるようになった，孤立した人に声掛けするようになったなどが挙げられる。

第Ⅱ部

6. *疾病のＵＰＩによるスクリーニング*

　さまざまな精神状態のスクリーニングについての研究を見てみよう。ＵＰＩの開発当初から，精神疾患とくに神経症と精神分裂病（統合失調症）のチェックは期待され，稲浪ほか初期の研究者たちが手掛けだしたが，全体から疾病群を区別する方法論をもち，所見を提示したのは辻本の仕事が最初であるといってよい。

１）精神疾患全般のスクリーニング

　辻本は健常対照群と項目別の出現率の量的相違の大きさを点数化し，差異の明確な項目の点数を総計することによって疾病ごとの特色を見出した。少し詳しく述べると，３倍以上または３分の１以下の出現率の項目は２点，２倍以上または２分の１以下の出現率の項目は１点とし，差のある項目の総計を算出し，各障害学生の個別得点を出し，補正をして各疾患の最高点を出した。自殺者6.3点，統合失調症疾患13点，うつ病圏疾患24.9点，神経症10.4点であった。

　ここで重要なのは総点数の相違ではなく，一つは疾患ごとの選択されやすい項目群の抽出であり，そこには各疾患別の特徴が示されていたことである。いま一つは，項目だけでは相互の重なりがあって相互の区別ができないところを，項目群の束として捉えることの重要さを，図らずも点数化することにより導き出したことである。第３として項目群別に座標を設定したうえに個別例の値を布置し，症状群と個別例の関係を明示したことも大きな意味がある。

　こうして辻本は，ＵＰＩを用いて種々の精神疾患のスクリーニングの可能性についての道を拓くことに成功したといえるだろう。

２）抑うつ状態

　うつ状態について辻本が示したＵＰＩの所見の一つは反応率の高さ

であり，6例中全例が20以上，うち半数が30以上であった。
　項目の特色として健常群の3倍および2倍以上の項目は，「2吐気・胸やけ・腹痛がある」「4動悸や脈が気になる」「5いつも体の調子がよい」「6不平・不満が多い」「8自分の過去や家庭は不幸である」「9将来のことを心配しすぎる」「10人に会いたくない」「14考えがまとまらない」「16不眠がちである」「22気疲れする」「23いらいらしやすい」「24おこりっぽい」「25死にたくなる」「26何事も生き生きと感じられない」「43つきあいが嫌いである」「44ひけ目を感じる」「48めまいや立ちくらみがする」「50他人に好かれる」「51こだわりすぎる」「54つまらぬ考えがとれない」「60気持が傷つけられやすい」の21項目にわたり，このうち2，5，50の3項目は健常群では3分の1，2分の1と少なかった項目である。

3）自殺群，自殺未遂群

　自殺群について，辻本の調査では8例中総得点20以上が50％あり，個別の得点では1，25，35，40，43が他より際立っており，このうち1，35，40は他より少なく，多いのは25と43の2項目だけであった。
　桜井の調査では自殺未遂52人と自殺を考えたことのない対照の52人とを比べ，とくに差が大きかった項目は8，9，11，13，15，22，23，25，28，36，38，41，43，44，57，60であったが，なかでも13，25，43，60では顕著な差があり，5，35が少ないことが目立った。
　性格特徴を比べると，自殺未遂群には統合失調気質が多く，メランコリー気質は少ないと報告したが，41，43，44，57，60などはその反映である。
　調査表による加藤雄一の調査結果でも，自殺願望学生では，第1に対人不全感を示す者が多く，友人と心が通じ合わない，語り合える友がいない，他人にとけ込めない，話が合わない，孤独を感じているものから，他人が自分を避ける，他人の視線が気になるなど，上述の桜井の結果と同様の所見があり，また自己臭恐怖のような対人恐怖，さらには見透されているといった自我境界障害，被害観念にまでいたる

第Ⅱ部

者が多いとされている。

　第2にはunhedonicあるいは同一性障害のようなもので，生きることが全面的に面白くない，愉しみがない，生きていく意味がない，存在していることが退屈，存在そのものを消去したいなどまでに及んでいる。その他にも，進路選択の決断困難から不安・焦燥を主とする抑うつ，さらには全般的な疲労による無力感，家族や周囲からの期待に対する重圧感，孤独感などが相互に関連しあっていると詳述している。

4）自殺念慮群（25番選択群）の問題

　次節（7．の3））でも述べるように，自殺念慮群と既遂群は所見も異なり，自殺念慮者はむしろ神経症者に近く，実際自殺念慮群と既遂群とうつ状態の3者は，ＵＰＩの資料を因子処理したもので90%判別できることを，連続して平山は報告している。

　希死念慮の学生のスクリーニングは多くの大学で古くから行なわれてきたが，4．の6）で触れた25番の意味についての伊藤の報告は特筆に価する。すなわち25番をチェックした人，しない人，25番女性群と25番男性群，要再面接者と問題なし群など比較対照して，チェック数，多い訴え，少ない訴えを調べ，ついで15個（多すぎるのだが）に因子分けした。ＵＰＩではどのような差異が出るかを検討したのである。

　その結果，25番女子は25番男子よりチェック数が有意に少ない。25番男女で多い訴えには，男女に共通な項目（13, 36, 51, 15, 42）と相違する項目があり，女性では「2吐気・胸やけ・腹痛」「48めまいや立ちくらみ」「1食欲がない」など心気的でかつ「35気分が明るい」に対して，男子では「22気疲れ」「45とりこし苦労」「23いらいら」「29決断力がない」「44ひけめを感じる」などが選ばれる。

　少ない訴えにも相違がある。15分けした因子では，25番男女間で，依存性，神経質傾向，不安傾向，記憶力・根気の低下の4因子に相違があり，25番男子にその傾向が強く見られた。そのうちの前3者

40

は女子学生では25番群と対照群で差がないので、男子の特性と考えられた。25番女子は女子の対照群と比べ、情緒不安定、引きこもり、強迫性、離人的訴えで有意であった。

渡辺厚は、単年度で総得点15以上の者、25番チェック者、45名中呼び出しに応じた36名を調べ、臨床的に①深刻で要追跡者、②思い悩みあるも追跡不要、③不安からチェックした者、④軽い気持ちでチェックした者の4群に分類し、それぞれに支援の仕方を考慮すべきとしている。

既遂群については、7大学の既遂群52例の資料を平山が分析した結果、上位3大項目は36、13、45であり、既遂群の35％にみられた。そこでこれらを危険項目と見なしたが、10位までに「25 死にたくなる」の項目は入っていなかった。3位以下の項目は、22、30、51、52、5、20、35、43、54、58であり、依存、制縛性、対人易感性および心身活動性の衰えが既遂行為の背景にあるようである。

堀は28年間の自殺例34例の分析から、次の結果を得ている。既遂群は平均得点、25番を含め各項目別に対照群との比較で有意差は見られず、領域別にも、小柳の10因子別にも有意差はないが、平山の8因子区分別では明るさ（第6因子）が有意に少なく、嫌人・不信（第4因子）で高い傾向があった。個別の項目で有意差こそなかったが、「1 食欲」に関してと「35 気分が明るい」が対照より低く、彼らは入学時から自己肯定が低いと論じている。

5）自己臭症

自己臭症は安東によれば、全学生と比べ平均得点の30点以上が有意に多く、9点以下が有意に少ない。項目別には全学群より44項目で有意に高い。ゾーン別にはライ・スケールの5、20、35の3項目が全学生群より有意に低い。心気傾向の16項目では9項目が全学群より有意に高く、情緒問題は20項目のうち18項目で有意に高く、対人問題・強迫傾向では20項目中17項目で有意に高かった。頻出項目の上位10位までの中にライ・スケールは1項目も入らず、35は19

第Ⅱ部

位に，5，50 は 40 位，20 は 50 位に後退していた。

　上位の 10 項目とは以下の項目である。55，42，21，58，36，39，22，29，45，51 で，自分の匂い他 10 項目は，不安・傷心・活動性低下などの項目群因子分けすると，第 1 因子には心気，小心，抑制，強迫的な成分が，第 2 因子には抑うつ，対人過敏，対人忌避の成分が含まれていた。

6) 統合失調症

　次はスクリーニングテストの本命である統合失調症についてである。総論的には前述の辻本の所見が基本としてあり，まず総得点が 20 以上を示す者が多いこと，項目別には，他の群より 3 倍多い項目は，「55 自分の匂いが気になる」と「56 他人に陰口をいわれる」の 2 項目で，2 倍以上の項目は 9 項目あり，「6 不平不満が多い」「10 人に会いたくない」「16 不眠がちである」「22 気疲れする」「40 他人にわるくとられやすい」「43 つきあいが嫌いである」「44 ひけ目を感じる」「53 汚れが気になる」「57 周囲の人が気になって困る」の 9 項目であった。しかしこれら 11 項目の統合失調に特有な項目（ＳＣ）を指標に，他の指標領域よりＳＣ領域が際立ち最高値となるのは，統合失調圏の症例 4 例中 1 例に過ぎず，統合失調圏疾患の予測は困難であると考察している。

　その後山本は，入学後に統合失調症と診断された学生 54 人につき，入学時の健康調査およびＵＰＩへの応答の仕方を発病時期（＝発病の前か後か）と関係づけ，詳細な臨床報告をした。

　まず悩みの有無では，悩みありが一般学生の 24.8％に対して統合失調症学生では 50.0％と多い。悩みありとした 23 人中の 6 割は入学前の発病であるのに，なしと無記入では 23 人中 78.2％が入学後の発病だった。

　悩みの内容では，統合失調症での順位は身体問題が第 1 位で，進路，大学生活，性格と続き，5 位にノイローゼ様状態・対人関係が入っているが，これにチェックした 5 人はすべて入学前に発病していたとい

42

う。

　また身体問題の中身で，容貌，体格，汗かき，体臭，毛深いや身体的こだわりがあり，やはり普通の意味とは異なっている。

　相談希望者と無希望者数は大差ないが，相談希望者13人中10人が来談し，来談率が一般学生の20～30％止まりなのに比べ76.9％と高く，希望しなかった10人のうち4人は後に自発来談しており，助力を求める姿勢が少なくないことを記している。相談希望者13人のうち10人は発病が入学前であった。

　ＵＰＩの総得点で9以下は，一般学生より少なく，30以上は19.6％と一般の5.4％と比べはるかに高い。チェック数と発病前後の関係を見ると，19以下では入学後の発病が多く，20以上では入学前が多く40以上はすべて入学前の発病であった。

　25番のチェック率は統合失調症群では19.6％で，一般の3.4％と比べて極めて高い。チェックした9人中7人までが入学前の発病であり，9人中8人までがチェック数が20以上であった。このような詳しい臨床観察の内容を参照すれば，予知診断の可能性もかなり出てくることを示唆していると思われる。

　平山は次章で詳述するようにＵＰＩの因子得点法を導入し，発病前後の比較，統合失調気質と統合失調症の区別，統合失調症の亜型別，予後別の識別，統合失調症の計量診断的な予測を可能にした。そこで見られた統合失調らしさは，嫌人・不信の因子と易感性，抑うつ因子の増強により特徴づけられ，辻本が健常群より3倍，2倍多い項目である程度の枠付けを示した結果を，一層明確化したものである。また総得点が多く，発病後に増加するとした山本の報告を裏づけたことになる。

7）神経症圏の全体

　次に神経症圏のスクリーニングに移る。ＵＰＩが作られた当初から，神経症的学生のチェックはＵＰＩによるスクリーニングの目標であった。ＵＰＩ作成の主役の一人であった宮田は，項目選定の過程で当時

の学生に多かった神経症圏の症状を念頭において作ったと考えられる。当初，宮田が稲浪に実用を依頼したとのこと，稲浪，小方が相次いで神経症を対象にしたのは決して偶然とはいえないのである。

　ここでもある程度納得できる所見として紹介したいのは，やはり辻本の報告である。神経症圏に関係ある項目は，ゾーンとしてはAの身体的訴え，Cの劣等感，Dの強迫傾向の領域と関連し，健常者とかなり重なる部分が多いため，神経症といえる項目選定は非常に難しい。そこで何らかの統計的比較の手法の導入なしには行なえず，まずは各項目で健常の何倍の出現率かという評価方法で行なったのが辻本の手法である。それによると相違を示す項目は意外に少なく，健常より多いのが6項目，少ないのは4項目で，ライ・スケール全部であった。

　3倍以上多いのは「8自分の過去や家庭は不幸である」で，2倍以上多いのは「9将来のことを心配しすぎる」「26何事も生き生きと感じられない」「43つきあいが嫌いである」「44ひけ目を感じる」「47気にすると冷汗がでやすい」を併せて6項目である。

　少ない方は3分の1以下なのが「20いつも活動的である」で，2分の1以下なのは「5いつも体の調子がいい」「35気分が明るい」と「50よく他人に好かれる」を併せた4項目であった。

　ここに抽出された項目の中には他の臨床群でも見られる項目もあり，とくに43，44などは他の臨床3群にも見られ，8，9，26と5，35，50は他のどれかの1群と重なっているので，本当にこの項目が神経症を選別する項目としてよいかは疑問である。

　その後神経症圏全体については，神経症研究班が数年にわたり研究報告している。上記の辻本の手法では同様の結果を追試できず，いくつかの手法を導入し，その一つのステップワイズによる変数選択法によりいくらか前進した。年次ごとの結果が安定しないため，対照について性，年齢，学部，入学年度を一致させたところ安定した結果が得られ，判別率も格段に向上した。

　4年分の神経症データをステップワイズ法を用い変数選択をした結果，神経症抽出に有効な項目として，13，35，57，22，44，42，5，4，28，36の10項目が挙げられた。このうち4位までが危険率1％で，

年次別にも安定し，神経症の抽出にかなりの確度で寄与し得ると思われた。しかしながら神経症らしさの特徴を個別の項目だけで決めるには限界があることは，次の事実が示している。

　すなわち神経症と健常群間の有意差を示す項目は，1％有意の項目が46個，5％有意な項目が6個もあり，60項目中52項目も有意差があることになり，個別の項目に依存しない方法を導入する必要が示唆された。結論的には次章で詳述するように意味ある個別群（因子群）を導入したことと対照群のマッチングが前進の鍵となった。事実神経症全体の正判別率も，対照群をマッチさせないと62～73％で，マッチさせると80.0％に向上した。下位の個別神経症の判別率もかなりよく，90％を超える森田神経質，神経衰弱，離人神経症，強迫神経症と，80％台に留まる抑うつ神経症，恐怖症，不安神経症，心気神経症の2群に分かれた。さらに一つの類型内の下部症状群や，個別例の分別までも可能になったのである。

8）神経症の下位群の概略

　各神経症下位群についての所見は次章に譲るが，対人恐怖症については稲浪・笠原の報告があり，佐藤清公が引用しているので触れると，1971～1972（昭和46～47）年と比べ1992～1993（平成4～5）年にはUPI上で赤面（40→20％），吃音（20→10％）が激減し，視線は横ばいか微減，変な匂いが微増したと報告している。

　吉岡の報告でも対人恐怖ではUPIの得点が高く，20点以上を示す例の症状で多いのは加害恐怖，漏洩症状，強いあがり症，吃音，脇見恐怖，赤面・表情恐怖，他人の視線，相手が視線を逸すの順であった。赤面は28％，吃音は12％，視線恐怖は43％で，赤面は女性の方に多く，全体として漸減しているという。

　上月は24例の不安神経症を，独り暮らしや恋愛を契機に一過性に出現する群，不安神経症症状とともに境界性人格が明らかになる群と，卒論や就職活動時に自我同一性の混乱が露呈し不安状態になる3群を提示した。

強迫神経症にはＵＰＩなしの上月による臨床的報告があり，18～19歳で発症し，強迫性性格が多い。強迫症状の種類は不潔，洗浄，確認，加害，先端恐怖などの順で，随伴症状として抑うつ症状が最も多く，不安，心気，身体，離人症状と続いている。強迫症状については強迫的性格と自我の受け止め方で5型のスペクトルに分けた，児玉の優れた見解がある。

9）摂食障害

摂食障害のＵＰＩについては，同障害のスクリーニングを精力的に行っている平野・渡辺氏らの検討結果を紹介しよう。彼らはその評価法であるＥＡＴ-26（The Eating Attitudes Test）の不足を補うものとしてＵＰＩおよびＳＤＳを用いている。

ＵＰＩについては，ライ・スケール以外を5つの下位尺度，すなわち心気，軽躁，抑うつ，強迫，自閉尺度の5つに分け，摂食障害は神経性無食欲症，神経性大食症，無茶食い障害の3群に分けて検討した。その結果，3群と健常群との有意差を示した下位尺度は，軽躁尺度が健常群より低く，抑うつ尺度で健常群より高値を示した。個別の項目では14項目に有意差が認められた。そのうち彼らは10，11，12，13，15，26，38，44で高く，ライ・スケールの5が低いことを特徴とし，障害群は自信がもてず，引け目を感じ，やる気が出ず，抑うつ的になっていると推測している。

以上の結果から，摂食障害の診断の目安として，項目の1，10，11，12，13，15，26，38，44のチェック率が高いと摂食障害の可能性があり，低BMI，高SDS，高UPI-Deで高UPI-Maならば神経性無食欲症の可能性が，高BMI，高SDS，高UPI-Deで低UPI-Maであると神経性大食症の可能性があるとした。これほどはっきりとＵＰＩを用いて明確に診断指標を示した報告は初めてではないだろうか。

注）軽躁尺度（UPI-Ma）の項目：5，6，15，20，24，35，50
抑うつ尺度（UPI-De）の項目：1，7，8，9，10，12，13，14，

16, 25, 27, 28, 29, 38, 39, 44, 59

その後の報告では前報と異なる結果であり，①総得点およびライ・スケールを除いた得点で障害群は有意差がある。②下位尺度のうち軽躁尺度を除く4つの尺度＝心気，抑うつ，強迫，自閉尺度で障害群は有意に高い，ただし神経性無食欲症は各項目とも微増に留まる。③項目別の所見では障害群は17項目で有意差があり，設問35以外の16項目3，12，22，24，45，57，60，1，4，7，13，16，17，33，46，52で障害群の出現率が高い。④障害群の中では神経性大食症が17項目中1，4，7，13，35を除いた12項目で3群の中でどの項目も高い出現率を示した。

上記の報告では，前報②の下位尺度の所見と③の有意差があった項目群の種類がかなり異なり，一致した項目は12，13，22の3項目だけで，安定した結果が得られていない印象がある。

このように年次ごとに異なる結果になった原因は，一つは下位尺度の設定自体が恣意的で異質な因子が混在している可能性と，今一つは対照群である女子新入生中の非健常者の割合が年ごとに異なる可能性などが影響しているのではないかと考えられる。

10) 体重減少女子学生

摂食障害と関連し予備群と目される「体重減少女子学生」についての調査が佐々木・宮崎らによって報告された。体重減少の基準は，肥満度で－20％を超える者と定義した。体重減少の女子学生は，近年3→5％へと漸増している。普通体重の対照群と比べ有意差のあるＵＰＩ項目は「1食欲がない」「20いつも活動的である」「31赤面して困る」「35気分が明るい」「58他人の視線が気になる」「17頭痛がする」「28根気が続かない」の7項目で，うちライ・スケールの20と35は普通体重者より少ない。この結果を見ると，現象としては摂食障害と似ているようでもＵＰＩの内容はかなり異なる結果となっている。

11) 肥満者と低体重者

　前節の調査と関連して加藤澄代らは，肥満者と低体重者を対照群と比較調査し（2005）報告した。ここでの肥満群はＢＭＩ（基礎代謝指数）25以上，低体重群はＢＭＩ 18.5以下の者を指している。

　それによると，平均肯定項目の得点では3者に有意差がなく，5つのゾーン区分ごとの比較では，対人緊張，強迫観念，情緒不安定で肥満群が他の2群より高く，身体愁訴と抑うつで低体重群が他の2群よりやや高い傾向があった。

　個別の項目では，肥満群は親の期待過度，将来の心配，気分の波，他者に対する引け目，とり越し苦労など心理的な不安要素が多く，低体重群では食欲不振，胸痛，めまいなど身体的な訴えが多いなどの違いが見られている。

　森らは入学時のＵＰＩとＢＭＩついて検討したが，男女で相違があり，男子では入学時のＢＭＩが18.5未満，女子では16.5未満，および男女とも25以上の学生はＵＰＩ総得点が高かった。男子ではＵＰＩの領域別では抑うつ領域，不安領域，強迫領域，被害・関係念慮領域とも高い傾向であった。女子では入学時のＢＭＩが16.5以上18.5未満の学生は，ＵＰＩ総得点および各項目ともその他の群に比し有意に低い値であった。

12) 月経異常者

　月経異常の有無とＵＰＩの関連を調べた御田村らの報告もある。月経異常のある群では症状のない群より平均陽性項目数が有意に高く，領域別の項目群の比較ではライ・スケール以外のいずれの領域群でも無症状群より高かった。項目別には25項目において症状あり群の方が有意に高く，「5 いつも体の調子がよい」だけが低い。とくに有意差の顕著な項目は，身体症状の5項目（2，3，18，19，48）と「8 過去や家庭が不幸」と「9 将来のことを心配しすぎる」であった。

初～中級編 / 利用方法と判定の仕方

7．UPIの得点に関する知見について

　ここではあらためて反応数，特定項目，ライ・スケール，不安標識，頻出項目，領域別得点，ハイリスク項目などに関する知見を総点検してみる。反応数ないし総得点については，断りがなければ総反応数を，ある場合にはライ・スケールを除いた陽性項目得点と称する場合もある。

1）ライ・スケール（虚構尺度5，20，35，50）についての議論

　ライ・スケールを信頼性の指標と考えるテスト本来の構成からすれば，これを除いたものが本当の反応になるわけだが，小柳，平山は意味ある反応の一つと考えており，平山は明るさの因子，後に防衛反応ととらえ，除くことは必ずしも妥当ではないと考えたい。

　楡木が妥当性の尺度を発表した折の質疑応答で，UPIのライ・スケールが問題になり，湊は活動性のスケールととらえられないか，これらを選択しないのはエネルギー低下や抑うつを示唆するとし，全部つけるのはテストへの防衛と解されると述べた。さらには4項目全部に丸をつけないのはかなり問題のサインで，4項目につけず25番にもつけないのに自殺企図のあった例の経験を述べた。（辻本は逆の例を記載した。）豊嶋は防衛とともにactivityのサインと見ることは興味深いと述べている。

　研究初期には，ライ・スケールを除くことが正しいという考え方が通念となっていて，そうした論調の報告が多く，初期の頃の報告としては，江尻（1977，1982），伊藤（1983），楡木（1988），辻本（1978），山本（1986）などがあるが，このうち辻本は全項目を含めた反応数を出していた。自殺者でライ・スケールだけに反応した例があったことから重視したのである。

49

2）特定の重要項目

　特定項目については学生白書（1990）では8，25，49，58を取り上げているが，これはスクリーニングの際にチェックするとしたら最低限の項目くらいの意味である。

　対人不安の標識として工藤は恣意的に次の項目を挙げ，不安のない対照群と比較している。10，31，32，40，41，42，43，44，55，56，57，58，59，60の14項目がそれであるが，これは統計的に抽出された項目ではない。対人不安の対象は自己視線恐怖，自己臭恐怖，会食恐怖，排尿恐怖など神経症圏のものであるが，単一でなくいくつかの下位群にまたがる者を含む。

　対人不安群ではＵＰＩの総得点が24.0で対照群の14.6より高く，対人不安の項目数6.16は対照の2.3と比べ高く，統合失調群と比べても高い。うつ状態群，統合失調群より対人不安群で高い項目として31，41，42，43，57，58の6項目を挙げており，なかでも「42気をまわしすぎる」「57周囲の人が気になって困る」「58他人の視線が気になる」の3項目は，対人不安群の方が有意に高い。「25死にたくなる」と「56他人に陰口を言われる」の2つは統合失調群の方が高く，25は当然ながらうつ状態でもっとも高かった。

　以上の結果を踏まえ工藤は，総得点25以上，対人不安項目6以上の人を精神衛生上の要チェック者の目安と考えた。対人不安群の悩み事の内容の特色は，自分の性格，対人関係とする者が多く，これに対し大学生活，恋愛，進路，人生では他の群と顕著な差が見られなかった。

　対人不安のほか上記以外にも就職不安（村越，山田），卒業不安（小谷野，山田）の報告があり，村越によると相談事例でなく一般学生の調査さえ，大人社会への参入拒否の気持ちは75％以上にのぼり，就職活動で苦痛な人は40％，悲観・絶望的になった者は80％以上を占めた。

　小谷野は，卒業不安を示した24例を検討したところ，精神的な疾患や問題のない学生の方が内面の豊かさが乏しく，3分の1は幼児期からの家庭内人間関係，親子関係に問題があったと指摘している。山

田和夫はこれらを総括した病理形成を示し，幼少期から引きずった親依存性，男性性欠如を基盤にして，軽症では不安・葛藤型，重症では回避退却型を呈し，後者は就職アパシー，卒試アパシーから追い込まれると家出・自傷・自殺やヒステリー反応を示すこと，経過としては，過半数は就職後職場に適応し，6分の1は半年以内に退職・転職し，一部はアパシー化し，モラトリアム状況を続けると報じている。

3）25番項目（希死念慮）

25番のチェックについてはこれまで多くの報告があり，古くは辻本の全学生のチェック率9.3％，文系では16.5％と，かなり高めの報告をしている。学生の『健康白書1984』での中島の調査結果で，平均で3.5％と記載しているのがほぼ妥当な値である。山本・工藤らの1992年の報告でも，一般学生の25番チェック率は3.4％とし，対人不安群で4.4％だが，統合失調症群では22％とかなり高かったと報じている。須永・小谷野らの10年間のUPIの推移を見ても，25番チェック率は3％から6％の間で減少傾向にあり，平均4.54％としている。

意外に多い25番の反応数の報告もあり，正保らによると，UPIの得点は高いが会ってみると問題がない非臨床群と，問題は見られるがさほど深刻ではない準臨床群で，25番はそれぞれ39.5％と33.3％もあり，要継続面接の臨床群では実に63.2％に達するとしている。この報告での診断的区分けは不明である。25番の意味については伊藤が詳しく論じている（6．4）参照）。

25番は，自殺危険度の指標として広く一般にマークされているが，平山は自殺既遂群の頻出項目を，出現順位と出現率の程度に応じて点数づけした。25を4点，13，36，45を3点，22，39，51，52，15を2点，5，29，35，42，54，58を1点とし，これらの合計をハイリスク点数として有用度を検討したが，その合計点の多寡とUPIの因子スコアを基にした判別値とは必ずしも並行せず，判別値に拠るほうがはるかに高い的中率を示した。

4) 頻出項目

　これまで頻出項目という呼称はされてこなかったが，須永は35，29，39の3項目が10年間常に上位3位を占めていることを示し，これが学生の全般的傾向を知る手がかりとしてこの呼称を用いた。振り返って辻本の報告例を点検すると，35，29はたしかに多いが，それに次ぐのは39ではなく，21，45，15，51，42の次くらいの順である。沢崎のデータでも35，29が上位で，次は45，42，36，22，50，51，15，5と続いている。奥田の報告では35，5，29，50，20と5位中4項目までがライ・スケールであったが，この傾向もおおむね一般的である。

　領域別に得点区分を見ていく方法はしばしば散見するが，吉野の報告では，領域別の上位得点よりは男女間の有意差に焦点を当てている。

8．他の心理テストとＵＰＩとの関連

　ＳＣＴ，ＭＰＩ，ＭＭＰＩ，ＳＰＩ，ＹＧ，ＣＭＩ，バウム，エゴグラム，ＳＤＳ，ＧＨＱなどの心理テストについて，ＵＰＩと関連する報告を以下に記す。

１）ＳＣＴ（Sentence Completion Test）

　ＳＣＴは文章完成テストである。その処理は客観的にはいかず評価は難しいと思われるが，白石は長く用いた経験を報告しており，不適応の予測は40％が当たっていた。またＳＣＴで問題ありが，留年のうちの40％弱であった。留年の中では怠学による留年がそれに当たるようであり，ＵＰＩによる要注意率13.5％をはるかに上回る率であった。白石は疾病傾向は手をつけずもっぱら留年傾向を調べた。そしてＵＰＩとＳＣＴについて進学または留年の判別を行なったところ，留年するのはＵＰＩでは「40 他人にわるくとられる」「8 自分の過去や家庭は不幸である」「44 ひけ目を感じる」「47 気にすると冷汗がでやすい」「39 何事もためらいがちである」「28 根気が続かない」などのチェック者であり，ＳＣＴでおっちょこちょいで調子の良すぎる人や劣等感が大きい人が留年しやすいと判別されたとしている。

　渡辺もＵＰＩとＳＣＴの組み合わせで相補的にスクリーニングの質を高められるのではと考え実施した結果，一方のテストで発見できなかった対象を他方のテストではチェックでき，ＳＣＴでは「生きるということは……」と「人知れず私を不安にする」の２項目が統合失調症の傾向がある例に対して論理破綻や異常性が露呈しやすく有用であると報告した。

　ＵＰＩとの関連も視野に入れてＳＣＴの文章解析を試み，未完成ながらユニークな研究報告があった。すなわち太田民男らは抑うつ度の高い人と低い人に対し，micro-OCP機能を用いＳＣＴの文章解析をし比較した。比較し得た項目のうち語彙数，使用単語の頻度，特定単

語の前後の文脈で両群に差異が見られたが，定量的言語解析とＳＤＳおよびＵＰＩの関連は今後に残されている。

2）ＭＰＩ(Maudsley Personality Inventory)

ＭＰＩモーズレー性格検査は，北大で1964（昭和39）年から新入生に実施しているとのことである。小林の報じるところでは，ＭＰＩのＮ尺度（神経症傾向尺度）とＵＰＩ得点は正の相関を示し，ＭＰＩのＥ尺度（外向性尺度）とＵＰＩ得点は逆相関の関係にあった。すなわちＵＰＩ得点が20点以下ではＭＰＩは右下がり型を，20点以上ではＭＰＩは左下がり型を示した。また精神健康自覚度で不健康と答えた者はＵＰＩの得点も高く，ＭＰＩのカテゴリー分布は左下がりを示し，神経症傾向が高かった。面接希望者のうちでは即時相談したい切迫感がある人ほどＵＰＩ得点が高く，ＭＰＩカテゴリー分布は左下がり型を示すなど，ＵＰＩの動向と並行的な所見が得られている。

佐藤英輔は休・退学者の性格傾向の把握をＭＰＩの成績で検討した。その結果，休・退学は神経症的傾向と内向的性格の学生に生じやすく，休学者にＮ＋を持つ学生は有意に高く，退学者にＥ－が多い結果を得た。自殺念慮学生についてもＭＰＩとの関係を調べ，自殺念慮学生は神経症傾向Ｎ＋が多く，同時に内向性のＥ－が多いことを報じた。

佐藤によれば，1970年から1980年代ではＭＰＩの動向からは，落ち着いた内向性の学生（E-No, EoN-）に替わって陽気で愛想のよい外向的性格（E+N-）の学生が増える傾向にあったと述べている。

その後末広は，10年間のＵＰＩとＭＰＩの動向から，1990年代に入りＭＰＩでは従来の外向・非神経症傾向が変化し外向的得点が男女とも減少し，ＵＰＩでは不安・不満・焦燥，先々の心配が増え，はにかみが減少し，一見矛盾した変化が見られることを，新人類学生群の出現として報告した。

3）ＭＭＰＩ（Minnesota Multiphasic Personality Inventory）

　ＭＭＰＩは，なぜか医学部で用いる傾向がある。小口は以前からＵＰＩからＮＭＨＩ（Nagoya Medical Health Inventory）を経てＭＭＰＩでスクリーニングを行ない，ＭＭＰＩ単独での実効性については批判的であった。3～4％の異常所見は出ても精神異常とは断定できず，総数の3分の1の正常者を含むことにテストの限界があると率直な報告をしている。入試時および入学後の2回本テストを施行し，両テストを因子分析して比較した結果，本テストは入試による状況の影響ではなく性格を反映していることも確かめた。その後に日本版，同志社版，英語版の比較を行ない，版による翻訳の差以外に文化差も出てしまう危険性を論じるなど，一貫してＭＭＰＩを検討し続け，後に集大成したＭＭＰＩの研究書を刊行した。

　角川は相談室への来談者と一般学生および日本人の標準値を対比し，来談者はすべての項目で一般学生，および日本人標準よりも有意に高いことを見出し，大学独自のプロフィールを出し受験者へ示すようにした。

　梅沢は医学生について浪人の度合いをＭＭＰＩで検討し，多浪生になるほど心気，抑うつ，精神病質偏倚尺度が高く，反社会的で活動性が低くなると報じている。

　秋元・平野らはＭＭＰＩを摂食障害に適用し，障害群は対照群と比べ多くの尺度で高いこと，なかではＢＮ群が一番有意差が目立ち，自己批判的，抑うつ，衝動統制力低下，内向性，傷つきやすい。ＢＥ群は自己批判的でなく神経症的自己を否定する傾向，統制力が強い。ＡＮ群はほとんどの尺度で健常群と差がないなど，摂食障害の下位群の弁別に一役買うことができると報じている。

4）ＹＧテスト（Yatabe Guilford Personality Test）

　ＹＧ検査は，矢田部ギルフォード性格検査である。最初にこの領域

第Ⅱ部

でＹＧ検査を報告したのは芳野で，10年間使用の経験をまとめ，男子ではＥタイプが増えＣタイプが減少し，女子ではＢタイプが非常に増え，Ｃタイプが減少したとのことであるが，ＵＰＩとの関連はみていない。当時ＹＧは，京都産業大や和光大も実施経験校であった。

　ＵＰＩとの関係について検討結果を報告したのはだいぶ時を経てからで，大江が報告している。それによれば，ＹＧの類型で情緒不安定積極型（Ｂ類）と情緒不安定消極型（Ｅ類）の2つはＵＰＩのうち抑うつ因子と神経症因子，てんかん発作を推測する10項目でチェックされた者とかなり重なる。Ｂ類とＥ類とではＵＰＩの上位項目が異なるだけでなく，Ｅ類ではチェック率がかなり高い。ライ・スケールの5番のチェック率がＥ類では高いのが，Ｂ類と区別する指標になる。Ｂ類，Ｅ類ともにＵＰＩの下記11項目のチェック率が低く5％未満である。その項目とは，4，7，8，25，34，41，49，53，55，56であった。これらにチェックする人を対象にマークする意味もあるかもしれないと考察している。

5）ＣＭＩ健康調査表（Cornel Medical Index）

　浅井は留学生に対してＵＰＩとＣＭＩを課しており，ＵＰＩでは日本人より自主・独立的で楽天的ということ以外は著差がなかったが，ＣＭＩではまったく健康な群（Ⅰ群）では身体的精神的自覚症の平均値は男女類似しているが，ほぼ健康な群（Ⅱ群）は男性ではより身体的自覚症として，女性では精神的自覚症として表れると報じている。入学時と半年後の9月に再検査した比較では，女性では変化なく，男性では健康度が増した人の方が多かった。

　本木下も同じ組み合わせの報告をしているが，他の報告よりⅠとⅡが多い。男女ともⅣ段階の者が同じ比率であった。

　大江らも同じ組み合わせを検討して，Ⅲ・Ⅳ領域に相当する者が約5％あり，これは滝川らの報告と同じ率である。ＵＰＩの反応項目がⅠ・Ⅱ群とⅢ・Ⅳ群で異なり，後者ではＵＰＩの22，23，36，51などⅠ・Ⅱ群には見られない項目も見られている。

6）SPI, SPT(Shimoda Personality Inventory, Shimoda Personality Test)

　SPI，SPTは鳥取大独自のテストである。下田の6性格分類をもとに70項目からなる質問項目（ライ・スケールを含む）で執着性性格を除く5性格が同定され臨床応用されてきた。素点を集団の平均点で割った修正点で性格の特徴が明確化されるとした。
　UPIとの関連については，UPIの高得点群にSPIのS，N，U性格が多いとされる。とくにN性格者ではUPI得点と正の相関を示した。一方同調性性格はUPIの得点が低く，心身の自覚症状が少ないことがわかった。SPIは各人の性格特徴が明示されるので，結果をフィードバックしやすい利点があると吉岡は報告している。

7）バウムテスト (Baumtest)

　バウムテスト（樹木画）は，椰子，葡萄，バナナを除いた実の成る樹を画くよう指示し，自我の大きさ，周囲との接触の仕方を主な見どころとする。これについては平山が連続して発表し，従来の主観的評価・解釈から脱して，評価項目を数量化し因子分析を応用して疾病や状態像ばかりでなく対象者の行動履歴や行動特性までを明らかにし，自殺企図の手段までがわかる成果を得た。
　疾病の予測と弁別に関してはUPIより感度が劣っているが，UPIとは重ならない領域を把握しているので，相補的な利用価値が期待できる。

8）エゴグラム （Egogram)

　エゴグラムは，吉田が最初に報告し，滝川も本テストに触れている。5つの自我の状態として，批判的自己，養育的自己，大人の状態，自由な子ども，順応した子どもに分けられ，吉田によると全体としては養育的自己を頂点とする山型になる。個別的には4つのタイプに分け

られ，自己肯定のⅠ型（M型，ベル型）とⅡ型（逆N型），自己否定のⅢ型（N型，W型）とⅣ型（V型）である。

UPIとの関連ではⅠ型ほどチェック率が少なく，Ⅳ型ほどチェック率が高く，Ⅲ型Ⅳ型では20以上のチェック率が高い。また25番のチェック率はⅢ型，Ⅳ型でのチェック率が有意に高く，人生に対する基本的態度のパターンの把握は，メンタルヘルス支援にとって意義があると論じている。

9）SDS (Self-Rating Depression Scale)

SDSは1973（昭和48）年福田がはじめて試み，1978～1979（昭和53～54）年更井が追試した後，矢崎が4大学共同の検討成果を報告した。それによれば，女子学生は男子より抑うつ度が高く，文系学生は理系学生より抑うつ度が高い。また理系女子は，下宿など自宅外通学者で抑うつ度が高かった。

江尻は質問紙の4件法を5件法にし頻度を明らかにしたり，訳語を微修正するなど細かな工夫をした結果，女子大生でのZung指数（ZungはSDSの考案者の名）は，一般よりも高く，他の女子大より高くなった。1年と3年の比較では，項目の1，3，10，15，17，20で有意に1年の方が高かった。

平野らは摂食障害群へSDSの適用例について報告している。摂食障害群ではどのタイプもSDSが対照群よりも有意に高く，とくにBE（無茶食い群）が一番高く，その次はBN群（神経性大食群）であった。SDSの個別項目は摂食障害群では1，5，8，10，11，15，20の得点が高い。UPIは障害群では抑うつ尺度（1，7，8，9，10，12，13，14，16，25，27，28，29，38，39，44，59）が対照群より高く，軽躁尺度（5，6，15，20，24，35，50）で対照群より低くなっている。この2尺度でUPIがSDSと関連していた。

金野らはSDSの程度とCMIのグレードが正の相関関係にあり，抑うつ尺度が上がるほどCMI領域も上がり，精神科面接で神経症や精神障害の疑いの比率が高まると報じた。

10) G H Q (The General Health Questionnaire)

　GHQとUPIとの関連性を田中生雅らが検討した結果，合計得点同士，UPIの不安とGHQの不安・不眠，双方のうつ同士で，中等度の相関が見られた。またGHQの社会的活動障害要素は，UPIの合計点，抑うつ，不安尺度と中等度以上の相関があった。

第Ⅱ部

9．その他の臨床標識とUPIとの関連性

1）面接所見との関連

　まず面接所見との対応についての検討から始める。丸井澄子が面接所見を最初に取り上げたが，それ以前の文献でも臨床所見との照合なくUPIの所見だけを扱うはずはなく，臨床的状態を前提に考えているのは当然と了解すべきである。

　丸井の報告は，今からみれば方法論として素朴な印象的評価に留まっているが，UPIの成績をN，D，K，S，E，Uの6領域に分け，各アイテムの点数と5分間の面接場面での観察記録の内容と関連させて検討している。その結果，臨床的に神経症傾向と分類された者が，UPIのN反応と最も大きく一致を示し，次いで抑うつ傾向とされたものがUPIのD反応にかなりの程度現われた。本法では，N反応の項目数が30項目と多く，他の領域との重複もあり，どの臨床類型であれUPIのN反応の影響が大きくなってしまうという問題が指摘されている。また面接官17～8人たちの観察記録上で，表現に統一性が欠けることなどが挙げられている。発表時の討論では，有所見者についての情報を安易に指導教官に渡す場合は誤解の生ずる危険性，学生に結果を訊ねられた場合の返し方の危険性など，今日的な問題指摘もあった。

2）面接評価表の適用結果

　UPI研究史からは，丸井の研究の発表された1973～1974（昭和48～49）年あたりから，UPIの粗点合計だけを問題視することから，反応パターン分類（領域別得点もその1つ）などを考慮する段階に入ったと見ることができる。それから10数年後，平山は学生面接用の面接評価表を作成し，実際統合失調症の程度との関係，その後さらに適応度，重症度，欠陥度と評価項目との関連等を調べ，報告した。

その一つとして，ＵＰＩの因子成分Ⅰ，Ⅳと疎通性障害が正の相関を，Ⅵ因子が負の相関を示し，病前所見でも病後の症状，経過を予見し得る所見が得られている。

～性差に関する知見～

吉野の心理面接へのＵＰＩの活用と題した報告がある。面接に際してＵＰＩからの情報をいかに読み込み反映させるかという観点での報告であって，面接所見との突き合せではないが，性差に関して見るべき意見を多くひき出している。先述のように，防衛的構えを男性では総得点０で表現し，女性ではライ・スケールへの反応で示す。対人緊張について男性は冷汗や気の小ささで悩むのに対し，女性は赤面，気疲れを感じ，首・肩のこりとして自覚する。また不適応に対し男性は不眠，女性は頭痛で反応する。そして男性は強迫的な防衛を，女性は怒りという行動化をとりやすいなどがある。社会性については，男性は漠然と将来不安を感じるのに，女性はより具体的な日常レベルの問題で自立の難しさや自尊心が傷ついたなどで悩む。自分をよく見せる傾向は男女とも高いが，女性の方が有意に高いなどと指摘している。

３）限定した面接評価項目を用いる方法

沖田らはＵＰＩを性格評価のテストとして活用する期待をこめて，面接評価項目を以下の６つの項目に絞り選んだ。すなわち自分の殻に閉じこもりやすい傾向，落ち込みやすい傾向，気持ちの不安定な傾向，こだわりやすい傾向，身体の不調を気にしやすい傾向，人に溶け込みにくい傾向とし，それらと関連するＵＰＩ項目を求めるよう試みた。その結果，性格評価と一致する項目として，上記の６項目に対応するＵＰＩ項目は「41 他人が信じられない」「13 悲観的になる」「38 ものごとに自信をもてない」「45 とりこし苦労をする」「２ 吐気・胸やけ・腹痛がある」「57 周囲の人が気になって困る」が上記の６項目と対応している結果を得ている。このような取り組みは，ＵＰＩの利用を考えるうえで大変有意義な取り組みである。

4）精神的訴えと身体的訴え

　精神的訴えや身体的訴えとＵＰＩの項目選択との関連について2～3の報告がある。本木下はＣＭＩおよびＵＰＩを受けたなかの保健センター来談者という視点で一般者と対比し，ＵＰＩの反応率の高い項目を男女別に記述している。しかし精神的訴えとＵＰＩの選んだ項目との整合性を論じていないので省略する。小片らは精神的訴えが身体的訴えの陰に覆われて出る可能性を考えて，両者をＵＰＩのＡ領域とＢ＋Ｃ＋Ｄ＋Ｅの合計領域に分け相互の関係を検討した。大変意義ある研究だが抄録のみの報告集のため詳細な結果は記載されていない。そこからわかるところを挙げると身体的訴えは4.9％，精神的訴えは19.4％，両方の訴えは67.0％で前2者を上回ること，高頻度の身体的訴えは3設問に集中し，その各々に精神的訴えとの関連が認められたことであった。3つの設問とは何かは記されていないのが惜しまれるところである。斎藤清二らは身体症状を主徴とする相談事例23例についてまとめ，背後の精神的な状況因を見つけ，カウンセリングにより解決した症例報告をし，成長モデルとして把握することの重要性を述べている。

5）精神的ストレス度

　精神的ストレスを意識する度合いとＵＰＩ項目との関連についての大江の報告もなかなか興味深い。女子大新入生からランダム選択した対象について，ストレスの程度，人に知って欲しいか，欲しくないかによってＵＰＩの反応の相違を調べている。その結果は①ストレス状態では「23 焦燥」「37 独りでは落ちつかない」が共通項であり，②人に知って欲しい場合は，「36 なんとなく不安」「37 独りでは落ちつかない」「19 胸が痛んだりしめつけられる」が共通項となり，③知られたくない場合では「24 易怒」「58 他人の視線が気になる」「31 赤面して困る」「43 つきあい嫌い」「44 ひけ目を感じる」「20 活動的」「5 体の調子がよい」が共通項となっている。

6）自律神経機能

　心理・身体的愁訴の背後に自律神経系障害があるとの予測から，酒木らは心拍変動解析により自律神経機能の指標をとらえ，ＵＰＩとの関連性を調べた。酒木によればその関連には男女差があり，男子ではＵＰＩは周波数領域の Total Power と正相関し，女子ではＵＰＩは迷走神経のトーヌス指標とされているＲＲ間隔変動係数（ＣＶＲＲ）および周波数領域の低周波成分と正相関した。これは自律神経系-副交感神経系バランスに男女差があるとされるが，細かい意義づけは難しいようである。

　面接評価の個所でも記したが，沖田らは６項目の面接評価項目を取り上げ，受験１カ月後の面接で，その間に症状消失した群と，傾向持続した群を比較検討した。症状の消失か持続か，その消長に関与するＵＰＩ項目を見つけようと意図した研究で，面白いがやや難しい条件設定である。

7）顔計測所見との関連

　最後は臨床所見のうち最も基本的情報を示していると思われる顔所見の計測値とＵＰＩとの関連に移る。平山は健常群と統合失調群について入学時提出の顔写真から，18カ所をデジタイザーで計測し，縦横の相対比で表した結果，部分比較ではわずか目の横幅１カ所のみが有意差であったが，総体としては80％強が判別できた。計測値とＵＰＩを８因子分けした因子得点との相関は，健常群では相関が見られなかったのに，統合失調症群では，易感性の因子，防衛の因子，心気・気分変動の因子に顔の計測値と相関が見られた。すなわち易感性が強いほど目と目の間隔は狭く，鼻の幅は広く，顔幅が狭く顔が小さい。防衛が強いほど鼻が大きく，気分変動が強いほど目と眉の間隔が広い，心気性が強いほど目の横幅が狭いという関係にある結果であった。さらに統合失調らしさに貢献する顔部分を顔の因子分析から検討した結果，統合失調症では第４〜６因子がすべて目と目の周辺および

口周辺に関連しており，対人交通の窓口である開口部を狭くして外来刺激を防ぐ防衛的身構えが統合失調症の顔貌の特徴に貢献していると解釈された。

第Ⅲ部　中〜上級編

●

一歩進んだ解析法

　これまでの章では，簡便な利用法からやや工夫した方法によって得られた研究成果を紹介してきた。この章ではさらに一歩進んだ解析法により得られた，これまでの心理テストでは見られなかった内容の成果をぜひ紹介したい。

第Ⅲ部

1. 新しい方法論の導入

1）多変量解析の前史

　これから述べる方法には二つの方法が前駆していた。その二つとも稲浪正充の業績で，一つは項目群への着目であり，健常群，対照群の有意差を粗大な目安で4段階分けし，N（神経症）圏，D（抑うつ病）圏，S（統合失調症）圏の各UPI項目の特徴を表わしたが，その際「項目群の偏倚」に着目する兆しがあった。いま一つは，はじめてUPIを4因子分析したことで，その第2因子から30項目を神経症因子として抽出した稲浪の先見性は敬服に値する。

2）初期に多変量解析を適用した報告

　その後は白石の判別分析（1984），辻本による主成分分析，林の数量化第2類，判別分析（1987），磯田の相関分析（1984），伊藤（1983），小柳（1987），平山（1987），安東（1991）らによる因子分析，そして平野他（1999）では日常的分析になった。しかしこれらの手法は，用いれば必ず成果が出るものではない。ただ単に因子分析しただけでは症状分析には至らないし，また主成分や因子分けの数が多すぎても成果があがらない。これから紹介する方法は，因子分析を2次元ないし多次元に展開してはじめて到達した成果なのである。

3）平山がたどり着いた方法の道程

（1）UPIの項目12区分による臨床群のレーダーチャート差が出発

　UPIをカテゴリー別に恣意的に12区分し，その12区分ごとの出現率を健常群と主要臨床群で比較し，レーダーチャートでも比べた。その結果臨床群は，カテゴリーを構成する「項目群の出現率の差」に

より区別されることが明らかになり，その後の因子分け導入のきっかけとなった。

（2）4因子に分けた2因子直交座標におけるＵＰＩ項目分布の所見

新入生全体のＵＰＩ資料を汎用大型計算機 FACOM M-760 で4因子分析し，そのうちの2因子を用い直交座標上でＵＰＩ項目を2次元に展開した。その結果，

①健常群の項目の布置では，身体症状項目，神経症的項目，抑うつ的項目，統合失調的項目とライ・スケールの項目の5群が整然と布置した。しかし神経症群，自殺念慮群（25番選択群），自殺既遂群では，まったく異なる分布構造となった。

②項目同士の分布の様相を分析すると，臨床群により項目相互の距離，位置関係が異なり，それを判読すると心的内部構造が明らかになった。（①，②は第23図参照）

③健常群におけるＵＰＩ各項目が布置された位置をたどり，選択された項目で結線をすると，類型ごとに特有な形の結線図ができた。これは選択した項目群による群特有のパターン発見の端緒であった。

以上の結果から，因子分け後2因子による直交座標上で，項目の布置状態からかなり症状分析ができる目途がついた。

（3）個別例のＵＰＩの特色を自動描画する方法の模索と確立

選択した項目からの結線図を作るのは非常に煩瑣なため自動化を意図し，いっそのこともっと心理的表現ができる顔グラフに変換したいと考えた。そこで図形解析の専門家である岡山大学数学科の故脇本和昌教授とその門下の平井安久助手らの指導を仰いだところ，①臨床群の分別には星座グラフを，②臨床類型と個別例の特徴描出は，顔グラフとレーダーチャートが適していることを教わり，それらを描出するためのソフトがプログラム化されているテキストを教示された。

（4）症例の特性を適切に表わせる因子スコアの求め方

いま1つ，個別の症例が示すＵＰＩデータから，症例の特性をよく表わすにはどんな方法が適切かを模索していた。一橋大学の統計学早川毅教授に指導を仰ぐと，因子分析した各項目の因子負荷量と健常者における各項目の選択頻度である出現率の積和を，各因子で全60項目につき集計すればよいと教示され，これを因子スコアとした。つまり個人に固有な値であり，いわば身長と体重を掛け合わせた値のようなものである。後にも説明するように，このように選択した項目だけでなく，選択しなかった項目を含むすべてのＵＰＩ項目の因子的価値を漏れなく使う，従来にはない精細な個人値となった。また後述の理由で8因子に絞ったので，60項目×8因子＝480個の値を8個に集約した数値が因子スコアとなり，この数値のお蔭で精緻な分別ができる基礎ができあがった。

（5）計算操作のパソコンへの移植とその後の活用結果

はじめ汎用大型計算機で処理していた上記の因子スコアの算出を，パソコン（98 Basic）に移植してから操作はずっと容易になった。因子スコアを基礎資料として出した後に，臨床諸類型相互および下位類型の位置づけは星座グラフで，個別例，群別例の特徴描出はレーダーチャートないしは顔グラフで処理した。症状の細部分析は，2因子による直交座標上の布置およびクラスター分析で行なった。またＵＰＩの項目相互間の有機的関連は，相関マトリックスを読むことで可能になり，判別方程式からは定量的予測診断を導くことができた。これらを総合することによって「臨床計量診断法」と言い得る方法の骨組みが整った。この中で最も肝心だったのは，因子スコアを基礎資料にしたことで，これをもとに各種の図形解析法によって臨床類型が分別でき，多変量解析も有効に作動した。これらについて，順次例を示してみよう。

注）平山皓：臨床計量心理診断法の試み，早稲田大学学生相談センター報告書27, 3-14, 1995

4）データ処理の実際

（1）因子分析の結果

まず因子スコアを出す前提になる，8因子分けした際の各因子名と各因子所属の主な項目群の一覧を第1表に示す。表の所属因子欄には，因子負荷量が0.4以上の項目だけを記してあるが，因子スコアの計算では，因子負荷量が0.4以下でもすべての項目を計算に用いている。各因子の名称は，主な所属項目の内容から判断し，固執性，身体的訴え，抑うつ・抑制，嫌人・不信，気分変動，明るさ（後に自己防衛），易感性，自律神経症状の因子と命名した。

第1表　因子分析による因子内容と所属のUPI項目

因子番号	1	2	3	4	5	6	7	8
因子名	固執性	身体的訴え	抑うつ	嫌人・不信	気分変動	自己防衛	易感性	自律神経症状
所属するUPIの主要項目	45,42,51 22,59,44 52,60,58 13,19,38	46,2,17 48,1,18 4,-5	29,30 39,14 28,12 38	41,10,26 43,25,5	24,23 6,15	35,20,50	56,40 55	31,32

註）上記のUPI項目は，因子負荷量0.4以上の項目のみを掲載。

（2）因子スコアの算出のためのデータ処理法と算出結果

これから基礎資料として用いる因子スコアの出し方は，第2表上段のようにUPIの各60項目ごとに因子分析で得た因子負荷量と，各項目の出現率を掛けた，積和の因子別総和の出し方を式にまとめた。そこで実際に算出した基本的臨床群の因子スコアの例を第2表のlist以下に掲げた。

第2表　因子スコア算出の原理と算出した群別の因子スコア

UPIデータの処理方法

（例）第Ⅰ因子について
1) 各群のUPI出現率を出す。
2) 健常群を8因子に因子分析し，因子ごとに全UPI項目のベクトル値を出す。
3) 以後は健常群のUPI各項目のベクトル値を係数として用いる。

第Ⅲ部

4） a）群別のＵＰＩの場合：(ＵＰＩ各項目の係数に各出現率を掛ける)

$$Z(I) = \sum_{n=1}^{60} Z(I, n) P(n)$$

b）個別のＵＰＩの場合：(ＵＰＩ各項目の係数に応答の諾否を掛ける)

$$Z\alpha(I) = \sum_{n=1}^{60} Z(I, n) P\alpha(n)$$

註1）$P\alpha(n) = 1：\alpha$ 番目の人が，n 項目に反応する
　　　　　　　　 $0：\alpha$ 番目の人が，n 項目に反応しない

註2）係数＝健常群の各因子毎のベクトル値（因子スコア値）

```
list   60000-
60000  '        FILE NAME: CONSTE.9
60010  ' example data
60020  '
60030  DATA 11,8:'number of cases and variables
60040  DATA .480,.101,.343,-.002,.159,.723,-.029,.102    O
60050  DATA .832,.242,.558,.347,.339,.387,-.096,.140     A
60060  DATA .831,.240,.489,.469,.403,.635,-.170,.210     25#
60070  DATA .811,.007,.365,-.098,.476,.352,-.183,-.037   su
60080  DATA .944,.212,.564,-.011,.322,.578,.053,.234     N'
60090  DATA .683,.174,.451,.225,.346,.393,.032,.147      S'
60100  DATA .294,.413,.604,.250,.511,.461,-.333,-.258    D'
60110  DATA .328,.156,.363,.020,-.026,.580,.020,.107     2留
60120  DATA .482,-.019,.568,.278,.312,.304,.013,.015     S（前後）
60130  DATA .298,.040,.339,-.092,-.015,.709,.008,.132    S（前）
60140  DATA .686,.050,.838,.653,.099,.243,-.201,-.110    S（後）
60150  DATA
60160  DATA
60170  DATA
60180  DATA
60190  DATA
ok
```

（3）変量と顔描画のパラメータとの対応

　顔グラフを考案したチャーノフによる顔の変量とパラメータとの対応は第3表のように18変量で，それで描かれる顔グラフの基本構成図を第3表と第1図に示した。第1図の顔グラフは，レーダーチャートと同様に分析手段の一つで，被検者の顔とは無関係である。著者は8変量をＵＰＩの因子スコアに割り当てる方針にした。その理由は8因子でも説明可能な累積寄与率を得ているので，18変量全部をＵＰＩ用に使わずに，8個だけをＵＰＩ用に，バウムテストの結果用に6

第3表 変量と顔を描くパラメータ

	Z_1	h^*	$h^* = \frac{1}{2}(1+Z_1)H$	OPの長さ, Hは顔の大きさの倍率
	Z_2	θ^*	$\theta^* = (2Z_2 - 1)\pi/4$	X軸とOPの角度
	Z_3	h_1	$h = \frac{1}{2}(1+Z_3)H$	顔のOU(=OL)の長さ
	Z_4	Z_4		顔の上半分の楕円の離心率
	Z_5	Z_5		顔の下半分の楕円の離心率
顔	Z_6	Z_6		鼻の長さ (hZ_6)
の	Z_7	p_m	$p_m = h\{Z_7+(1-Z_7)Z_6\}$	口の位置
変	Z_8	X_8		口の曲率(半径 $h/|Z_8|$)
量	Z_9	a_m	$a_m = Z_9(h/|Z_8|)$ または $Z_9 W_m$	口の幅
番	Z_{10}	Y_e	$Y_e = h\{Z_{10}+(1-Z_{10})Z_6\}$	目の位置
号	Z_{11}	X_e	$X_e = W_e(1+2Z_{11})/4$	目の中心の離れ具合
	Z_{12}	θ	$\theta = (2Z_{12}-1)\pi/5$	目の傾き
	Z_{13}	Z_{13}		目の楕円の離心率
	Z_{14}	L_e	$L_e = Z_{14}\min(X_e, W_e - X_e)$	目の幅の半分
	Z_{15}	Z_{15}		ひとみの位置
	Z_{16}	Y_b	$Y_b = 2(Z_{16}+0.3)L_e Z_{13}$	目から眉の位置
	Z_{17}	θ^{**}	$\theta^{**} = \theta + 2(1-Z_{17})\pi/5$	眉の傾き
	Z_{18}	L_b	$L_b = r_e(2Z_{18}+1)/2$	眉の長さ $(2L_b)$

註) W_e は Y_e の高さでの顔の輪郭までの距離,
W_m は P_m での顔の輪郭までの距離。

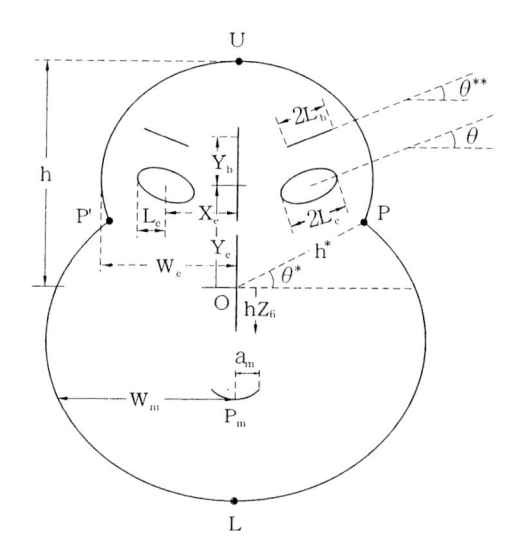

第1図 顔グラフの基本構成図

第Ⅲ部

個を，残る4個は面接所見に振り分け，心理情報を総括的に顔に表わす計画であったからである。

  註) 図形解析の大家であるスタンフォード大学のチャーノフ教授は，多変量データの変量の一つ一つを人間の顔の輪郭，鼻，口，目，眉などに対応させ，一つのデータを人間の顔の表情として表現しようと顔グラフを提案した。彼によると「人間の心のflexibility（適応性）は人の顔に接したとき最大限に発揮する」という観点がその根拠になっている。教授はこの方法を岩石標本の成分組成に適用し，それにより組成の似たグループの比較，分類が一瞥で判別できるばかりかデータの時間的変化もとらえられるなど極めて有効な分類手段とわかった。日本では，これまで生徒の学科別成績管理や，小児の身体計測結果に利用されたに過ぎなかった。しかしもっと心理的な内容の表現に適用する方がチャーノフの考えに近いと考え導入した。

（4）因子分析した因子へ顔変量の割り当て方

第4表はＵＰＩの因子と対応する顔変量を対応させた対応一覧である。この対応の決め方は，健常群，抑うつ群，統合失調症群など基本的類型の表情の特徴が最もよく表れるよう，変量の組み合わせを試行錯誤で決めたものである。こうして表のように第1因子の固執性は「目の傾き」に，第2因子の身体的訴えは「目の離心率」に，第3因子の抑うつ気分は「口の位置」および「顔上半分の楕円の離心率」に，第4因子の嫌人・不信は「口の曲率」に，第5因子の気分変動は「口の幅」に，第6因子の自己防衛は「眉の傾き」に，第7因子の易感性は「目の中心の離れ具合」に，第8因子の自律神経症状は「目の位置」に対応させた。

  註) 目の傾き，眉の傾きの角度は，第3表のZ_{12}，Z_{17}項のように，目，眉の外側が吊り上る角度θで式は書かれているが，実際に適用するデータによっては，逆に伏せ目，下がり目，下がり眉にもなり，表現は多様になり得るのである。

第4表　ＵＰＩの因子と顔の変量との対応関係

因子番号	1	2	3	4	5	6	7	8
因子名	固執性	身体的訴え	抑うつ	嫌人・不信	気分変動	自己防衛	易感性	自律神経症状
顔の質量	目の傾き	目の離心率	口の位置 顔上半分の楕円の離心率	口の曲率	口の幅	眉の傾き	目の離れ具合	目の位置

以上で臨床群を分析する準備が整ったので，次節に主な分析結果を示してゆく。

　　　註）ＵＰＩの因子と顔の変量の割り振り・対応についての決定は、理念的にではなく，正常な顔，抑うつ者の顔，統合失調に近い顔の３種の顔におけるＵＰＩと顔の変量のデータの対応関係から，導き出したものである。

第Ⅲ部

2. 分析の実例

1) 臨床群全体の位置づけにより診断の見当をつける（星座グラフ）

　入力用の資料は，あらかじめ第2表のlist以下のように臨床群ごとに平均値を求めておく。これらの資料を入力後，星座グラフを描出する。星座グラフでは多変量（8個の因子スコアに相当）を第2図上のように，折れ線のベクトルで表わし，各折れ線のベクトルは，一つ一つのＵＰＩによる因子スコアに対応し，8個の線で形成される。8個の線を連結した最終点を1点（星）で描き，個別のデータを表わす。処理に際して分離を良くする条件のウェイトを決める必要があるが，幾通りか乱数処理をし，最も分離がよい条件でウェイトを設定する。

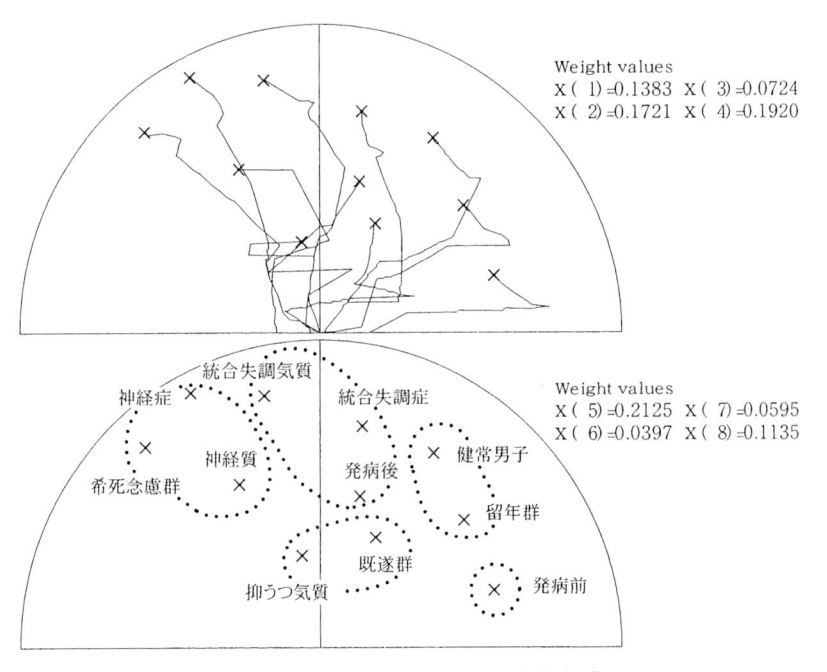

Weight values
X(1)=0.1383　X(3)=0.0724
X(2)=0.1721　X(4)=0.1920

Weight values
X(5)=0.2125　X(7)=0.0595
X(6)=0.0397　X(8)=0.1135

第2図　臨床類型全体の布置を示す星座グラフ

74

中〜上級編 / 一歩進んだ解析法

用いた値は図の左か右に Weight values として示した。

第2図下図のように，全11個のデータ中，病前，病後を除く9つの臨床群を，因子スコア値により布置したものである。右側に健常群，留年群，既遂群が，中央上部右寄りから左にかけて統合失調群が，左上部に神経症群と神経質が，中央下部には抑うつ群，右寄りに既遂群があり，1番左側に25番選択の希死念慮群が布置した。図から明らかなように，希死念慮群と既遂群とは対極的な位置にあり，希死念慮群はむしろ神経症群に近い。希死念慮の25番を選ぶ人は，自殺の可能性がある人として，スクリーニングの最優先の対象にされるのが一般的であるが，この結果からすると，問題にすべき人と違う対象を予防の対象にしている可能性がある。希死念慮群の因子スコアは最も高いが，既遂群のそれは健常群と抑うつ群の中間にあり低い点で異なっているのである。

2) 下位の臨床群を分離し，下位診断を見当づける（星座グラフ）

(1) 統合失調症の亜型の分離と位置づけ

第3図に統合失調症の亜型だけの位置づけを示した。図のように健常群 (c) は右寄りの下方で低い位置にある。破瓜型 (h) は健常群と統合失調気質 (s') との中間にあり，緊張型 (k) は中央上部右寄りにある。妄想型 (p) は1番左側にあり，因子スコア値は最も高く，健常群とは対極の位置にある。統合失調症の発病前と発病後の位置の変化は注

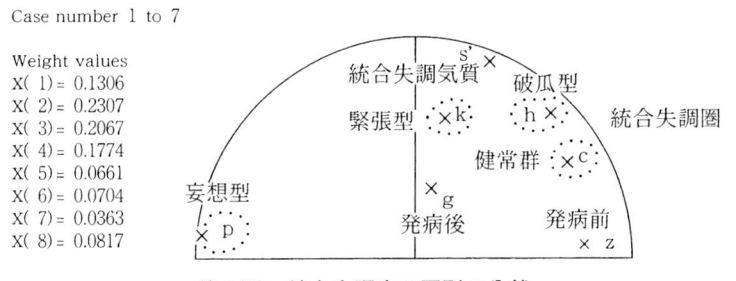

Case number 1 to 7

Weight values
X(1) = 0.1306
X(2) = 0.2307
X(3) = 0.2067
X(4) = 0.1774
X(5) = 0.0661
X(6) = 0.0704
X(7) = 0.0363
X(8) = 0.0817

第3図　統合失調症の亜型の分離

第Ⅲ部

目に値する。

　発病前には健常群，留年群より低い位置にあったが，発病後には中央下部に移動し，発病によって変化したことは，発病の病的変化を診断できる知見として非常に意義深い。

(2) 神経症下位類型の分離と位置づけ

　もう一つ下位類型の分別例として第4図に神経症下位類型の布置の結果を示した。図のように神経症下位群は，A群からD群までの4群とE群の健常群を含め5群が分別されている。まずA群は離人神経症が，B群は抑うつ神経症と軽症分類困難群が，C群は不安神経症，恐怖症，心気神経症が，D群はD1群の強迫神経症，森田神経質，D2群の神経衰弱，その他の神経症に区分けされて，臨床的な近縁性をよく反映している。これほどきれいに下位群が分かれるのに，神経症をICD（国際疾病分類）やDSM（精神障害の診断と統計のためのマニュアル）のような新しい基準で大まかにくくり，まとめて新分類にしたことは果たして進歩だったのかと首をかしげたくなる。

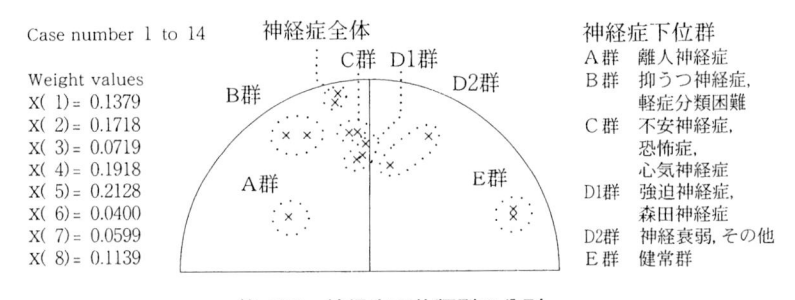

```
Case number 1 to 14          神経症全体              神経症下位群
                          C群  D1群
Weight values       B群              D2群        A群   離人神経症
X( 1)= 0.1379                                   B群   抑うつ神経症,
X( 2)= 0.1718                                         軽症分類困難
X( 3)= 0.0719                                   C群   不安神経症,
X( 4)= 0.1918                                         恐怖症,
X( 5)= 0.2128        A群              E群             心気神経症
X( 6)= 0.0400                                   D1群  強迫神経症,
X( 7)= 0.0599                                         森田神経質
X( 8)= 0.1139                                   D2群  神経衰弱,その他
                                                E群   健常群
```

第4図　神経症下位類型の分別

3) 臨床類型および個別例の特性を明示し把握（顔グラフ，レーダーチャート）

(1) 顔グラフにより疾患の特性，症状を比較する

　先に第4表で示したUPI因子と顔の変量との対応表の条件を基に，UPIの因子スコアを顔データに変換したのが第5図である。図は2

中〜上級編 / 一歩進んだ解析法

組ずつ，群別と個別例がペアで表示され，左が類型別の顔，右が同類型所属の個別例の顔である。左上から健常群男子，神経症女子，希死念慮群，既遂群が，右上から神経質，統合失調気質，抑うつ気質，留年群になっている。これらを見ると，個別例の顔は所属類型の特徴を示すとともに，個別の特徴もよく示していることがわかる。注目すべきは既遂群の顔が健常群によく似ている点で，自殺者の予知・発見の難しさがこういう形でも示されるのかと意味深い。

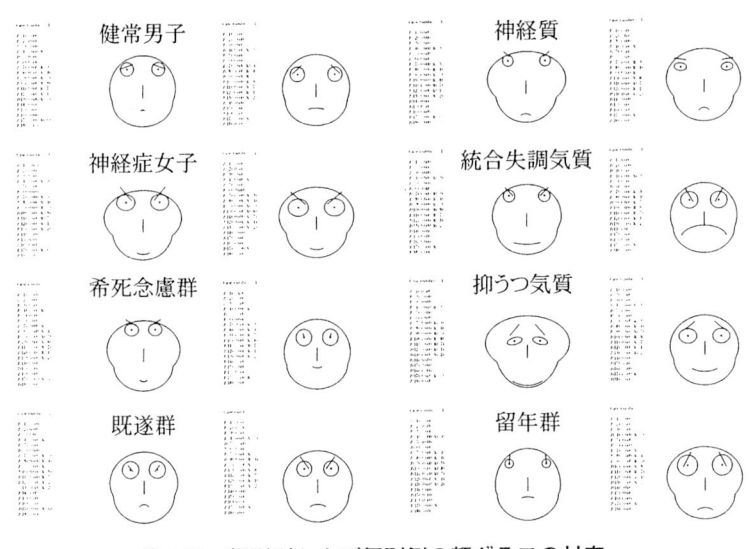

第5図 類型別および個別例の顔グラフの対応

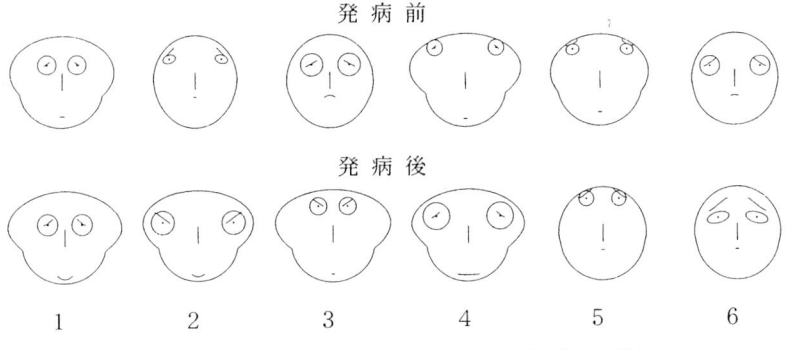

第6図 統合失調症の発病前，発病後の顔グラフ比較

第Ⅲ部

　前述した統合失調症の発病前, 発病後の変化につき, 個別例の比較を第6図に示した。上が発病前, 下は発病後の顔である。概して下の発病後の方は頭が大きく, 人格変化が強いほど頭が大きい。すなわち症例1, 2, 3は幻覚・妄想が明らかで人格変化も強いが, 症例5, 6はともに人格変化が少なく小顔である。このように異常体験の顕著な方がより福助頭に, 鼻と口の間隔が長い。破瓜型では発病前から発病後の徴候が現れ, 症例4, 症例1にその傾向がある。このように疾病の強さに応じた病後変化が見られたことは, 病気の診断と経過の予測に役立つことを示唆していると思われる。

（2）レーダーチャートにより疾患を健常群と対比し特徴を明らかにする

　レーダーチャートでも上述同様の分析は可能であるが, 顔グラフと比べレーダーチャートは因子別の変化がもっと明らかなので, 比較対照したい場合に差異の要因を明確にできる利点がある。

①比較対照する2つの臨床群のレーダーチャート差
　　a）まず健常群（C）と神経症群（N）との比較では, 第7図のように健常群では自己防衛機能の第6因子のみが優勢なのに, 神経症群では固執性の第1因子の優勢が目立ち, その他第2, 3, 4, 5因子も強くなっている。

因子軸	因子名	代表項目
F8	自律神経症状	31,32
F7	易感性	56,40 55
F6	自己防衛	35,20,50
F5	気分変動	24,23,6 15

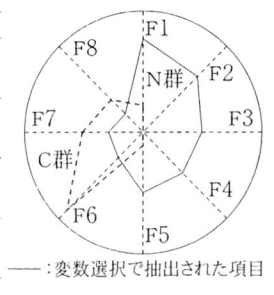

因子軸	因子名	代表項目
F1	固執性	45,42,51,22 57,44,52,60 58,13,39,38
F2	身体的訴え	46,2,17,48 1,18,4,-5
F3	抑うつ	29,30,39,14 28,12,38
F4	嫌人・不信	41,10,26,43 25,59

――：変数選択で抽出された項目

Σ 各項出現率 × 因子スコア

第7図　健常群と神経症群とレーダーチャート比較

中〜上級編 / 一歩進んだ解析法

b）次に健常群（C）と統合失調症（SCH）との比較では，第8図のように健常群は第6因子のみが優勢なのに対し，統合失調症では第3，第4因子すなわち抑うつ，嫌人・不信の因子が特に際立ち，第6因子の自己防衛因子はむしろ減弱傾向にある。その傾向をもっと著明に示したのが発病前後を比較した第9図で，発病後に第3，第4因子が顕著になっている。

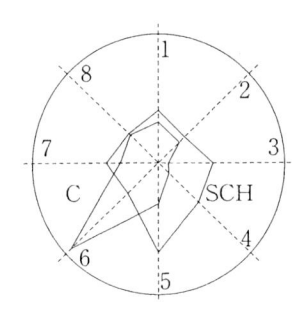

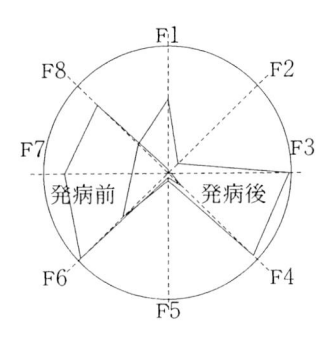

第8図　健常群と統合失調症の比較　　**第9図　統合失調症発病前後の比較**

c）もう一つ希死念慮群と既遂群とのレーダーチャートでの比較を第10図に示した。図左の希死念慮群（25番群）では，すべての因子が既遂群より大きいが，有意なのは第4因子の嫌人・不信の因子だけで，25群の方が高かった。この因子には25番項目が含まれ，したがって25番選択群では当然その影響が反映していると考えなければならない。その他の所見では，既遂群

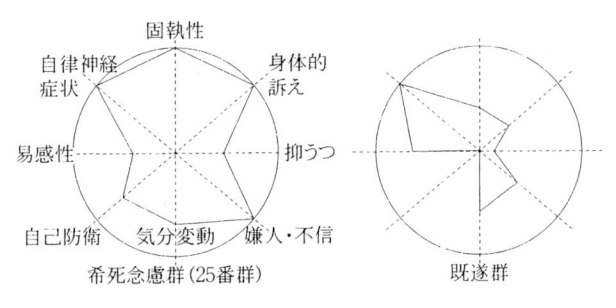

第10図　希死念慮群と既遂群のレーダーチャート比較

79

は第6因子の自己防衛の因子が極端に低い。このように自己防衛が弱いことが既遂死に至ることと関連しているのではないかと思われる。

以上のようにレーダーチャートは，類似した2群の相違を明らかする際に有用な手段である。

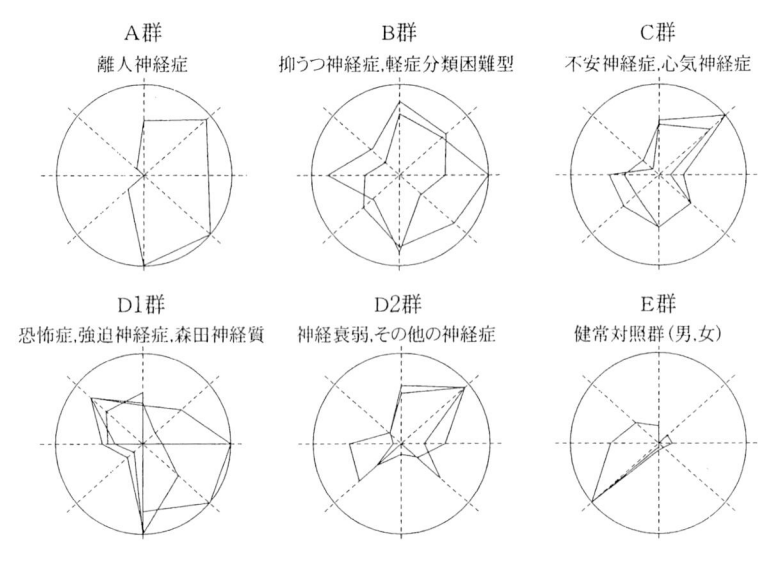

第11図 神経症下位類型のレーダーチャート

（A群：離人神経症／B群：抑うつ神経症,軽症分類困難型／C群：不安神経症,心気神経症／D1群：恐怖症,強迫神経症,森田神経質／D2群：神経衰弱,その他の神経症／E群：健常対照群(男,女)）

②下位類型のレーダーチャートによる比較

神経症の下位類型の分別は，先の星座グラフ（第4図）で，4～5群に分けられていた。次にレーダーチャートの形態の特徴で，各類型の形態別特性を仕分けたのが第11図である。A群は離人神経症，B群は抑うつ神経症と軽症分類困難型が，C群は不安神経症と心気神経症が，D1群は恐怖症，強迫神経症と森田神経質が，D2群は神経衰弱およびその他の神経症が形態的類似から区分けされた。このように下位類型別の形態でも星座グラフ同様に4～5群に分別された。恐怖症の形はC群とD1群の中間にあり，その所属を迷うところである。

中〜上級編／一歩進んだ解析法

4）レーダーチャートにより症状分析と行動の予測をする
（レーダーチャートから2次元直交座標上の布置への発展）

（1）症状・予後の予測，行動予測の大まかな予測

　以上のようにレーダーチャートの形態によって，疾患や類型を比較するだけでなく，統合失調症では重症度や予後などの臨床的標識となり，自殺既遂群では自殺手段と密接に関連し，その形態から自殺手段の予測もつけられる例を示そう。

①レーダーチャートの形態から読める統合失調症の臨床所見の大要
　第5表に統合失調症で症状，経過，予後の異なる代表例を掲げた。表のようにレーダーチャートの形で臨床所見が異なる。A型は全体にこじんまりし小型で，症状は冷たく自閉的，潜在性に発現する。B型は症状が目立たず，急性に増悪して発症し，予後は悪く，1，6，8因子が顕著なタイプ。C型は接触が良く，易反応性，亜急性に発症し予後は良い。1，3，6，8因子が目立つ。D型は妄想，関係づけ，人格障害もあり予後は不良で，1，3，6，8，4，5軸が際立つ。このように，レーダー図の形態のタイプから症状，経過，予後の見当がつけられる。

②レーダーチャートの形から自殺手段の予測を読み取る
　既遂群では自殺手段の軽重により，レーダーチャートの形が異なることを第6表に示した。表示のようにA型の最も重い縊死では，1，3，4，5，6，8因子軸，または1，3，6，8因子軸が優位となる。B型の中間型の飛び降り，飛び込みでは1，5，6因子または1，3，6因子が優勢である。C型の穏和な手段として，睡眠薬の服薬，溺死，刺傷，ガス中毒死などの場合は，第3または第8因子のみが優勢であった。この所見からUPIの因子プロフィルと行動の志向性との関連が推測される。すなわち自殺の達成率の観点から，第1因子の固執性の強さが，遂行意図の強さを左右していると思われる。その手段別分別の妥当性は，第12図の手段別の判別分析図に示したように，88.9％が因子スコアで見事に判別されている。

第Ⅲ部

第5表　統合失調症の類型別レーダーチャートと臨床所見の対応

型名	A 型(2)	B 型(3)	C 型(3)	D 型(4)
代表的タイプ				
レーダーチャートの特徴	全体的萎縮	1, 6, 8	1, 3, 6, 8	1, 3, 6, 8 (4), 5
症　状	冷く,自閉的	目立たず	接触良,易反応性	妄想,関係づけ,人格障害
症状発現予後	潜在性	急性増悪,予後悪い	亜急性,予後良好	予後不良
発症までの期間	1～2年	1～4年	半年～2年	1～3年

第6表　既遂群の自殺手段別レーダーチャート

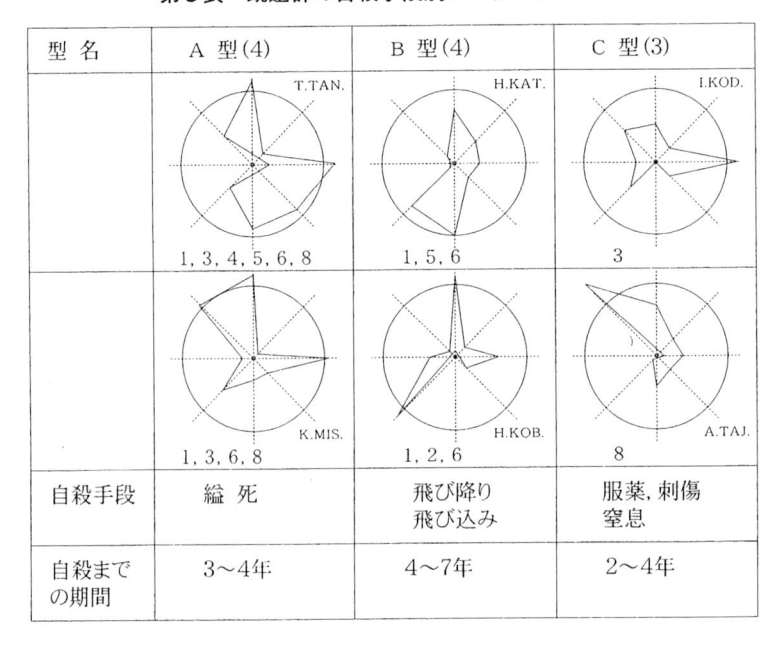

型名	A 型(4)	B 型(4)	C 型(3)
	T.TAN. 1, 3, 4, 5, 6, 8	H.KAT. 1, 5, 6	I.KOD. 3
	K.MIS. 1, 3, 6, 8	H.KOB. 1, 2, 6	A.TAJ. 8
自殺手段	縊死	飛び降り 飛び込み	服薬,刺傷 窒息
自殺までの期間	3～4年	4～7年	2～4年

中〜上級編 / 一歩進んだ解析法

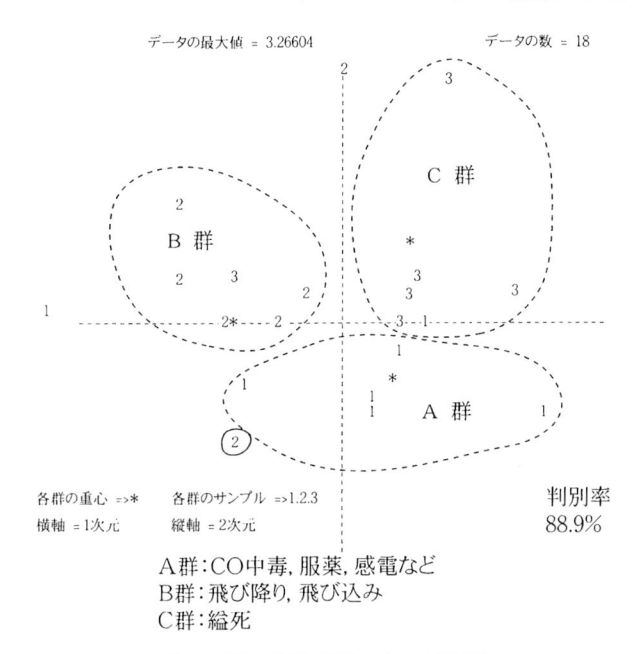

```
         データの最大値 = 3.26604              データの数 = 18
                            2
                                      3
                              C 群
                    2
                 B 群            *
               2    3        2     3    3
                        2       3
         1 ─────── 2*─ 2 ──────── ─3─1 ─────
                               1
                               *
                       1
                          1  A 群    1
                      ②

      各群の重心 =>*   各群のサンプル =>1.2.3     判別率
      横軸 = 1次元    縦軸 = 2次元               88.9%
```
A群：CO中毒, 服薬, 感電など
B群：飛び降り, 飛び込み
C群：縊死

第12図　自殺手段による判別図

（2）症状の詳細な分析，自殺行動の予測（直交座標上の位置づけ）

①直交座標上の布置からみた統合失調症の亜型区分

　上述の第5表では，統合失調症のレーダーチャートの形態と臨床的な標識が良く対応していることが示唆されたが，この対応関係をさらに検証するため次の検討をした。

　第13図は，共同研究による49例が最もよく分離する直交座標上の布置を示した。

　図のように破瓜型（H），緊張型（K），妄想型（P）が，きれいに分離している。

　念のため行なった判別分析でも，第14図のように89.8%と高い判別率であった。この図を子細に観察すると，破瓜型，緊張型はさらに臨床像が異なる小群，H1，H2，H3とK1，K2，K3に分かれた。細分化された小群の位置によってレーダーチャートの形態が異なり，しかも症状，予後など臨床的特性が異なるので，症状分析にとり

83

第Ⅲ部

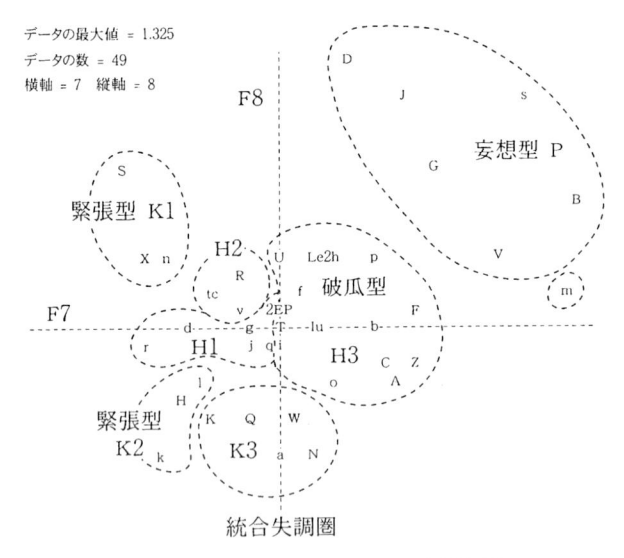

第13図　統合失調症49例の症例布置

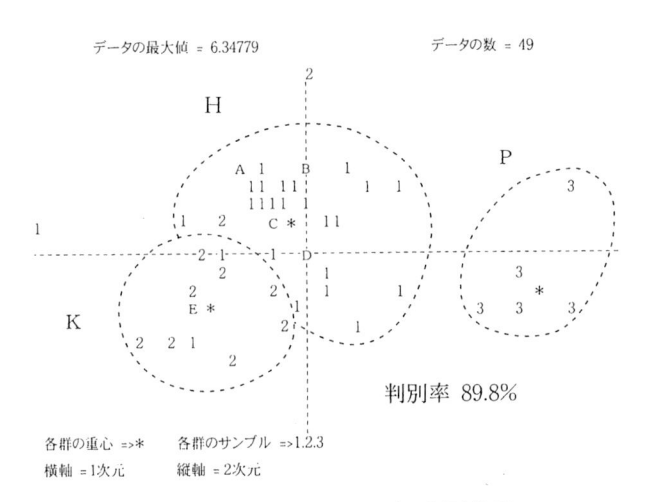

第14図　統合失調症亜型の判別分析

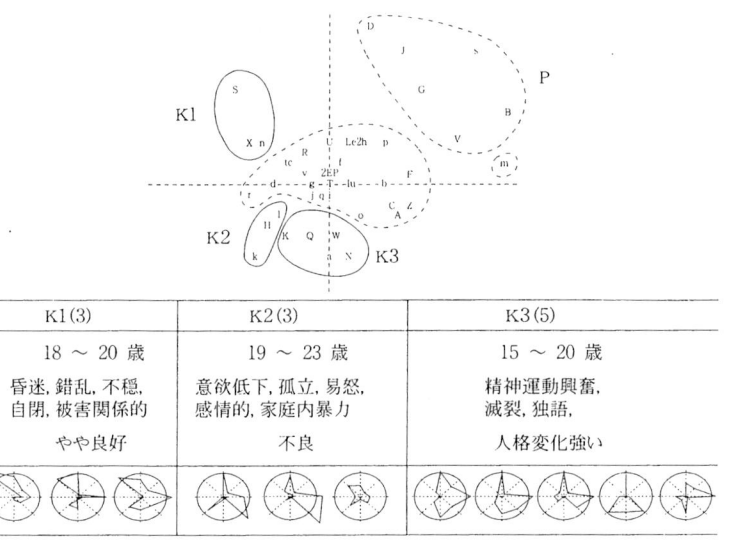

中〜上級編 / 一歩進んだ解析法

	K1(3)	K2(3)	K3(5)
発病	18〜20歳	19〜23歳	15〜20歳
症状	昏迷, 錯乱, 不穏, 自閉, 被害関係的	意欲低下, 孤立, 易怒, 感情的, 家庭内暴力	精神運動興奮, 滅裂, 独語,
予後	やや良好	不良	人格変化強い

第15図 統合失調症緊張型の小群の布置と臨床的特性

大変有力な所見となった。

　統合失調症亜型の小群では臨床所見の相違がはっきりする。細分化された各亜型ごとの小群の臨床像と因子プロフィルの関連を逐次点検しよう。

　まず緊張型の布置図と症状の要旨が第15図である。図のＫ１は自閉, 昏迷など内閉的症状を示し, 予後は比較的良い。因子構成では第8, 1, 3因子が目立つ。Ｋ２は感情的, 易怒的で一過性暴力を伴い, 予後は良くない。第1, 3因子が共通し第5因子は見られない点でＫ３とは異なる。Ｋ３は急性に発症し, 精神運動性興奮を主徴とし, 滅裂になるなどで人格変化も強い。因子構成は第1, 3, 5因子が優勢である。これらの所見から, 予後を良くする因子には第8因子が関係し, 他方興奮性の病状には第5, 3因子が関与していると解釈された。

　つぎは破瓜型の小群について第16図に症例の布置図と臨床像を記した。破瓜型は座標系の中央部にあって, 多数例を占め3群に分かれる。やや辺縁にあるＨ１は全例が自殺未遂または既遂であった。陰性症状が前景で, 能力低下が自殺の要因になっている。この群の因子構

第Ⅲ部

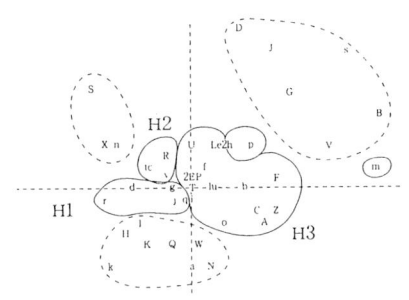

	H1(5)	H2(4)	H3(23)
発病	17～25歳	19～21歳	18～26歳
症状	無意欲, 集中困難 被害・関係妄想	注察, 被害・関係念慮 自我障害, 感情平板	無為, 自閉, 孤立 奇行, 疎通性不良
予後	自殺未遂・既遂群	比較的予後良好群	予後不良群

第16図 統合失調症破瓜型の小群の布置と臨床的特性

成は，第1，3因子の目立つ例と第1，5，6因子の目立つ例がある。第3因子の顕著な例では服薬のように穏やかな手段をとるが，第4，5，1因子の著明な例では，縊死などの致死性の高い手段をとる傾向がある。H2は第2象限の中央寄りにあり，破瓜型の中では比較的予後が良い。症状としては，注察・被害・関係念慮，自我障害，感情平板などごく一般的な症状を示す。因子構成は第8，3ほか第5因子の目立つ例もある。H3は破瓜型全体の約半数を占め，最大の群である。陰性症状が著明で，退学例も多く，予後は非常に悪い。因子プロフィルは座標軸の中心に近いほど小型で萎縮像を示し，奇行や衒奇的行動があり，思考障害も強い。周辺部の症例では，陽性症状もあり，第1，3，4因子の強い例では症状が持続し，第3，6，8因子が強い例では，一過性に経過し，中心部の例よりは予後が良い傾向がある。

　第17図は妄想型ないし分類不能型で，第1象限の大きなスペースを占める。

　この群の特徴は，妄想が顕著で幻覚などもある割には予後が良い。治療後に復学でき，授業にも参加し，就職の内定がとれ無事卒業す

86

中～上級編／一歩進んだ解析法

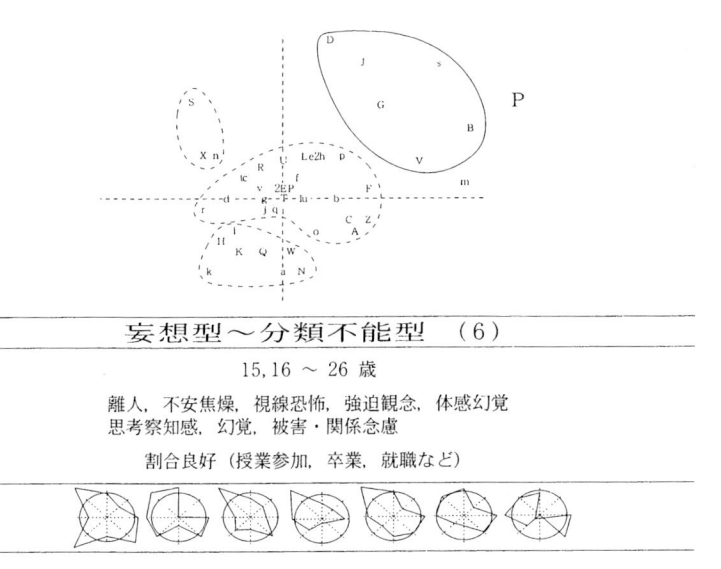

	妄想型～分類不能型　(6)
発病	15, 16 ～ 26 歳
症状	離人，不安焦燥，視線恐怖，強迫観念，体感幻覚 思考察知感，幻覚，被害・関係念慮
予後	割合良好（授業参加，卒業，就職など）

第17図　統合失調症破瓜型の小群の布置と臨床的特性

る例もある。しかし卒業後の長期予後はわかっていない。因子構成は全例で大型なのが特徴で，特に第1，6，8因子が際立つ。この群の観察からも第8因子の存在（自律神経症状）が，予後を良くすることと関連していると思われる。それに加え，離人体験や体感幻覚，強迫観念など頑固な症状の持続が人格の崩壊や思考障害への進展を阻止し，予後を保つ一因になっていると推測される。

②直交座標上の布置から自殺手段が見えてくる

さきに示した自殺手段別に異なる形態のレーダーチャート（第6表）は代表例であったが，多数例でこれを確認するため，8大学の共同研究による52例の既遂群について直交座標上の因子スコアの布置を検討した。その結果は第18図で，未発表の資料である。横軸に気分変動の第5因子，縦軸に易感性の第7因子を組み合わせが最もよく分離した。この図ではレーダーチャートの代わりに顔グラフが記載してあるが，レーダーチャートと本質的には同じ意味合いである。

この第18図では完全にきれいな分離とはいえないが，第2，第4象限の症例は縊死などで重く，第1，第3象限にまたがる症例は穏和

第Ⅲ部

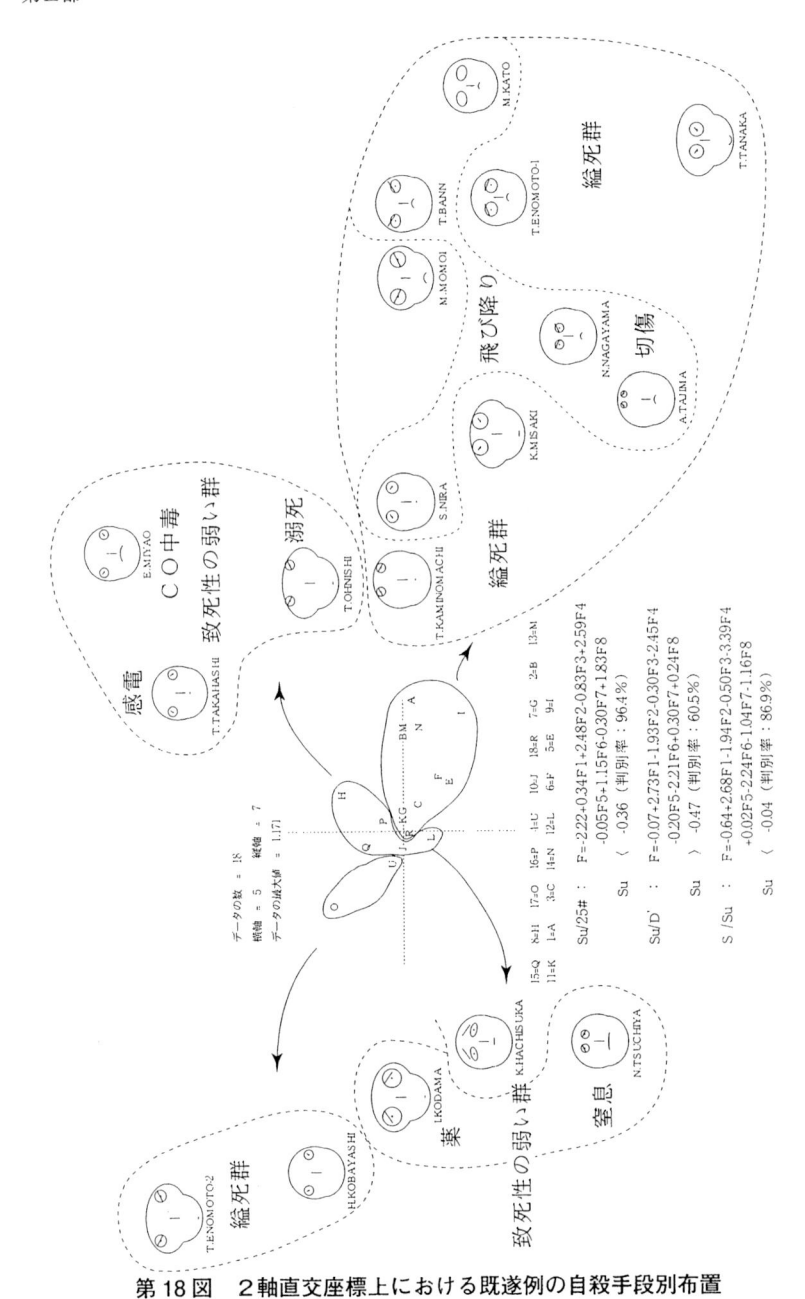

第18図　2軸直交座標上における既遂例の自殺手段別布置

88

中～上級編 / 一歩進んだ解析法

な手段をとる。中央付近にある症例は，中等度の手段をとる程度には区分されている。ここで得た所見は，後述の自殺危険度の予測式による予測率と併せ，自殺の予知，予防に役立つ資料となる可能性は十分である。

5）直交座標系を利用し類型の分析と症状の分析

（1）神経症全般にみる症状群の大まかな分別

①2因子直交座標上でも神経症の下位類型が分別されると予想して試みたが，第19図の統合失調症のようにきちんとは分かれなかった。図のように，群としてまとまっていたのは，わずか対人恐怖症，抑うつ神経症，不安神経症だけで，その他はばらばらであった。

②神経症下位群における症状の構成を分析する。神経症全体を下位

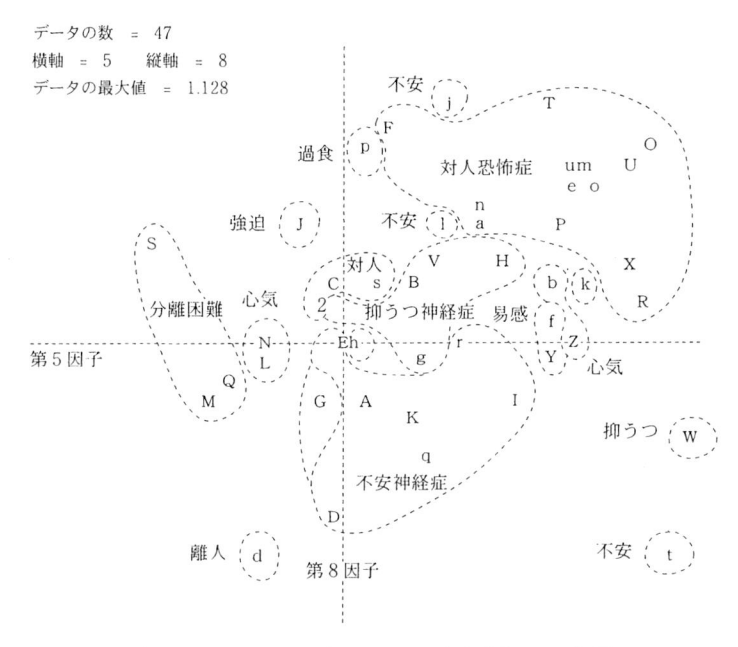

```
データの数 = 47
横軸 = 5   縦軸 = 8
データの最大値 = 1.128
```

第19図　神経症全般の2因子直交座標上の布置

第Ⅲ部

群別に整然と分離できなかったが，各下位群の症状を分別することは可能であった。どの下位類型でも座標の中心部には中核的症状があり，その近傍に修飾的症状が位置し，さらに辺縁には他の近縁の類型と重なる症状があり，層状の構造が見られた。一例として強迫神経症の例でみると第20図のように，中核症状としては完全癖が確認強迫，不安恐慌を内包して存在する。左に心気・抑うつ症状，右には横軸をはさみ被害・加害恐怖群と自責恐怖・迷惑恐怖が相対して存在している。

以下は中核症状の症状だけ列挙すると，不安神経症ではパニック症状，心気神経症では身体症状を示すヒステリー様症状，抑うつ神経症では真面目・制縛性性格，対人恐怖症では嫌人・対人忌避の回避性傾向などが中核症状であった。このように周辺から辺縁に遠ざかるほど近縁の類型の症状と重なり，それを図式的に第21図に示した。

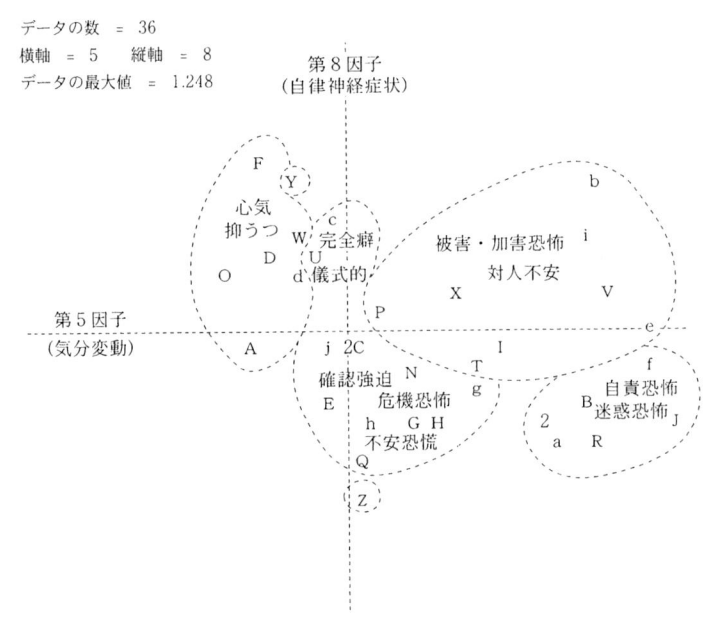

このように各下位群の症状構成が明らかになったばかりでなく，症

第20図　強迫神経症の2次元配列

中～上級編/一歩進んだ解析法

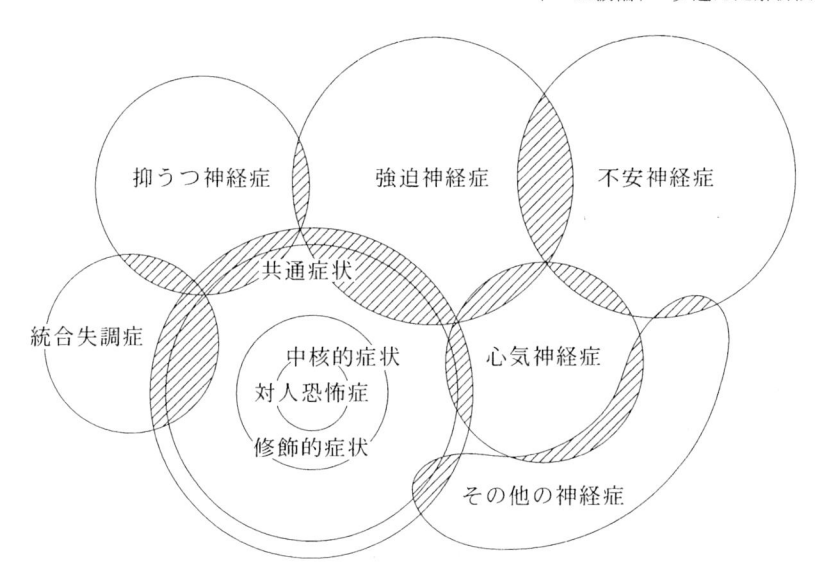

第 21 図　下位類型間の共通症状

状の重要度，中核症状と辺縁の症状の区別までも明らかにできるようになった意味は大きい。

（2）その他の分析による症状分析との相違（クラスター分析）

　共同研究で集めた神経症 56 例のクラスター分析の所見を第 22 図に示した。この図の症状の区分は，通常の臨床的基準とはまったく別のルールにより区分されている。大きくは 4 つの群，細かくは 9 個の症状群によって区分された。より右側ほど心理的に未分化な症状，左側に行くほど分化した症状という系列であり，大きな 4 区分は左から制縛・不全，対人意識過剰，心気症を伴う対人不安，不安の群となっている。このように心理学的にでなく，統計的・機械的に分別すると，およそ精神病理学の観点からは発想し難い分類基準になる。しかしよく吟味すると，案外心理学的にも納得できる妥当な分類になっているところが面白い。

第Ⅲ部

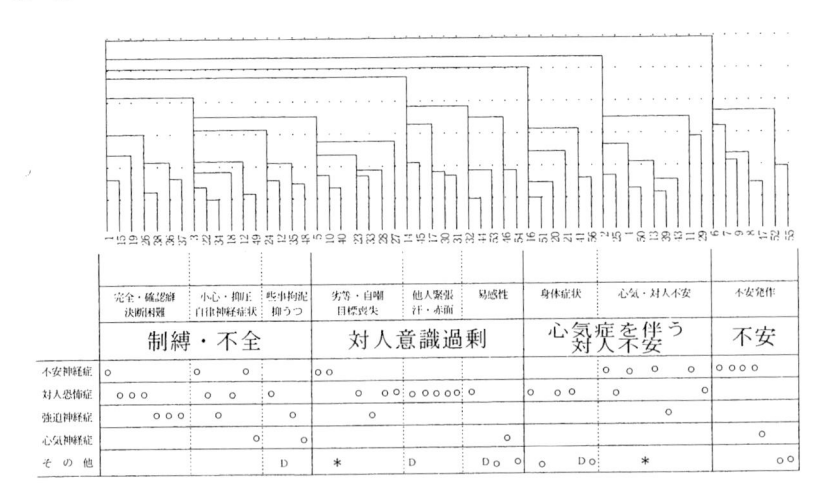

第22図　神経症全体のクラスター分析図

（3）座標上のUPI項目分布からの症状分析

　第23図のように健常群，希死念慮群，既遂群の3群間では，直交座標上の項目布置の形が異なり，特定のある項目とその周囲の項目との関係を読み込むことによって，心の内奥が見えてくる。その1例として25番項目（死にたくなる）を取り巻く周囲の項目の布置を点検して見てみよう。

　①希死念慮群における25番は，座標系の中心に在る。これに接する周囲の項目は，1，33のような心気症状，22，60，54などの自信低下，さらに37，38など抑うつ症状であり，そのほか近くに10，11など人嫌いの心情も見え，混ぜんとした淡い希死感になっている。

　②一方既遂群での25番は，28，38，26，13など抑うつ系のほか，10，8，59など不信・不幸から被敬遠感がすぐ近くにあり，18，47，48など心気症状も迫り，孤独感とやりきれなさを伴う重い気分の希死感であると読める。

　以上は，25番項目の一例に過ぎないが，このように一つの項目の位置，周囲の項目との距離など項目相互の関連を分析すると，心の深奥にある心理機制を把握することができそうである。

中〜上級編 / 一歩進んだ解析法

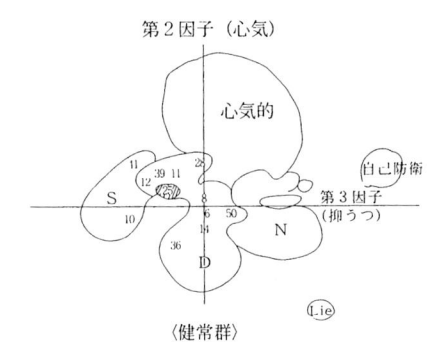

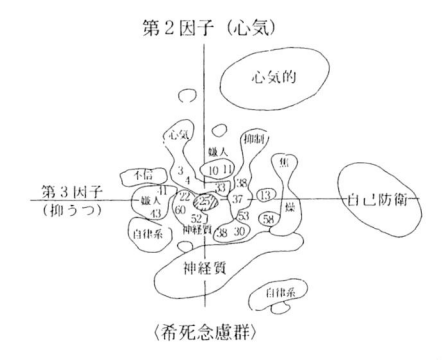

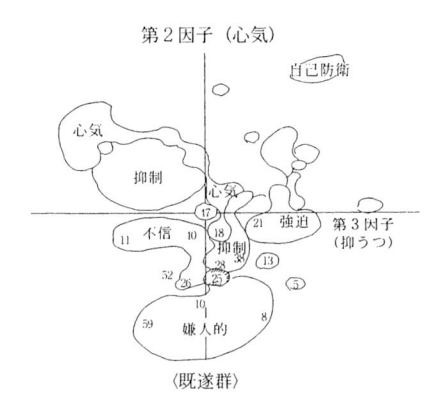

第23図　健常群，希死念慮群，既遂群における項目の布置図

6）有意な相関関係図（マトリックス）の構造から微細な症状の分析

（1）相関図（マトリックス）の読み取り

　第23図の3群について，有意な相関項目だけの相関図を整理したのが第24図である。これは本来的には項目相互間の親密度を表わすが，図のように親密関係を整理すると，類型ごとの緊迫した事態における対応の仕方の違いが見える。

　①健常群の相関図がないのは，有意な相関項目が一組もないためである。健常群の落ち着き安定した状態は，各項目が特に協力しあう必要がないことを意味する。

　②神経症群は，比較的単純な構造で，全体が4組のブロックから成り，相関の結線も単純で整然としている。小心で，自信なく，ひけ目があり（21, 38, 39, 44），こだわり，とりこし苦労し，周囲を気にし，人目を気にし（45, 51, 57, 58），いらつき，易怒的あるいは悲観するなど，気分が変動しやすい状態（23, 24, 13, 15）である。

　③希死念慮群では，心気的（1, 2, 18, 19, 46），感情的（15, 23, 6），悲観・抑制（13, 28, 29, 38, 39），制縛系（45, 9, 54, 42），嫌人的（41, 43, 10, 40）の5ブロックがあり，結線も複雑化しているが，鍵項目は54の些事に拘泥と38, 39の自信喪失であり神経症的心性に近い状態である。

　④既遂群では，心気（33, 4, 17, 16, 19, 31, 1）と抑制系（12, 38, 39, 28, 37, 30）を介し悲観（13, 15, 36），離人（11, 26），他者意識（57, 58）が希死感（25）と嫌人的（43, 10, 59）と結合し，5から6ブロック構造ではあるが，結線は一層複雑で過密である。これを見ると既遂群では，悲観・不安が直結し，さらに易怒・焦燥のような感情的衝動が中核にあって，多彩な心気症と嫌人性を伴い，やり場のない鬱屈した心情が起爆剤のようになり，希死念慮群とは切迫感が異なることがわかる。

　このようにUPIの所見を読み解くと，心的内部構造を見透せる可

中～上級編 / 一歩進んだ解析法

能性さえ出たのである。これは敢えていえば定性的な心理解剖, ないしは病理学の領域にまで心理テストの新境地を開拓できたのではないかと考えている。

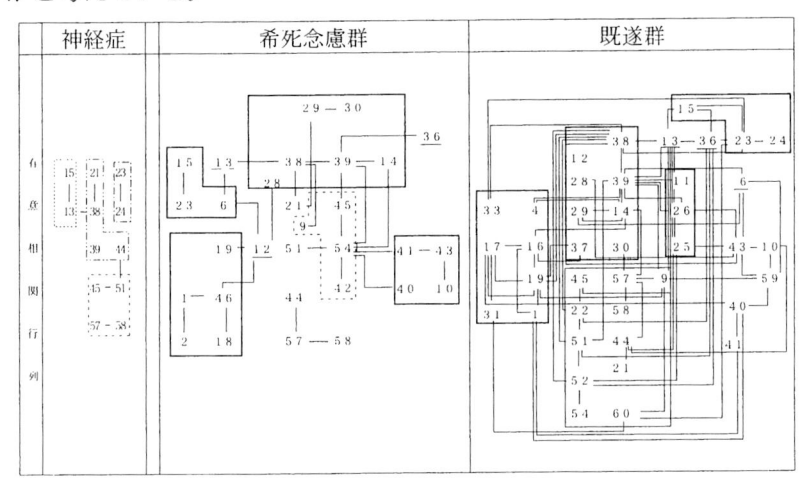

第24図　3群における有意相関項目と鍵項目

（2）臨床症状と因子構造の相関から見える精神病理

因子構造の変化と臨床症状とはどのように対応しているのか, 特に統合失調症の予後の指標との関連について検討した。そのため3種の症状評価法で評価し, UPIの因子スコアとの相関を検討した。面接時の精神状態の評価は一橋大の学生用評価表で, 病前と病後に8項目4段階で評価した。陽性症状と異常言動は3大学（東大, 東京医科歯科大, 東京医大）方式の評価表を用い10項目5段階で, 陰性症状はSANS (Scale for the Assessment of Negative Symptoms) を用い30項目5段階で評価した。これら臨床標識と因子スコアとの相関が, 0.65以上の分の相関を整理した図が第25図である。その結果病前と病後では項目の相関がまったく異なった。病前ではF1の第1因子を中心に人格発達, 意欲, 適応度, 重症度, 欠陥度がかすかに関連するだけで, 他の因子はほとんど関与していない。発病後になるとF3の第3因子を中核に, F4, F5, F6因子を介して, 抑うつ, 不

95

第Ⅲ部

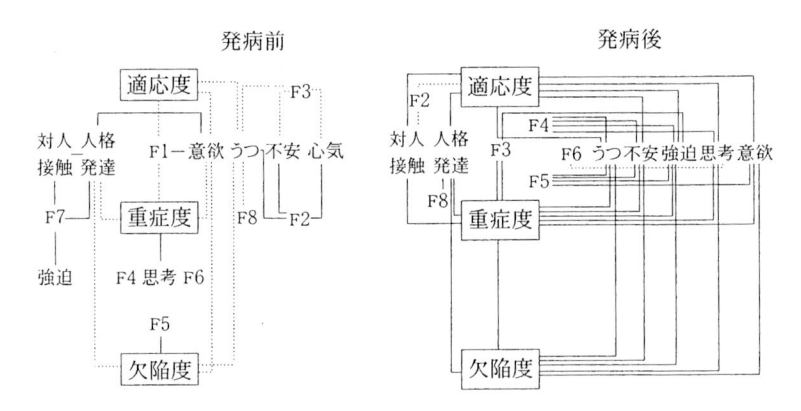

第25図 統合失調症病前後の適応度，重症度，欠陥度と
臨床症状およびＵＰＩ因子との相関図

安，強迫，思考，意欲が密接に関連し，網の目のような構造になったのである。

註1） 顔の計測結果でも類似の傾向が見られ，ＵＰＩの因子と顔のパーツとは健常群では第1因子がごくわずかに相関を示したに過ぎないが，統合失調症では第5，第3など気分変動は目，，眉と正相関し，第6因子の防衛機能と口とは負に相関するなど病的機転と関連する現象が見られている。

平山皓他：ＵＰＩの応用（2）第35回全国大学保健管理研究集会報告書：289 - 293，1997.

註2） 3大学による評価表。島薗安雄ほか：精神医学9（12），917 - 926，1967.

SANSの評価表。岡崎祐士，安西信雄，太田敏男，島悟，北村俊則：臨床精神医学，13，999 - 1010，1984.

一橋大学の評価表。平山皓ほか：第28回 全国大学保健管理研究集会報告書，363 - 368，1980.

こうしてみると，ＵＰＩの因子スコアは単に類型分けをする道具ではなく，発病に伴う症状変化の内部構造変化を内視鏡的に捉え，精神病理的変化を明らかにするツールだといっても過言ではない。

7）判別方程式を利用した「疾病の計量診断」と「自殺行動の予測」

　これまで触れた統合失調症の亜型相互の判別や既遂群の自殺手段別類型の判別では，結果の判別率のみを記してきた。ここで用いようとしているのは元の式自体であり，2つの類型を判別する判別式中で各因子に関わる係数（係数ベクトル）を式中に取り込んだ式を作成すること，および最終過程で算出される2群を判別する境界値（判別境界値）を利用する。その係数は各因子に係る係数で因子の強さを表わす。

　　註：以下に利用法の実際を，式①で説明すると，式①の数字 +0.798 は変動のない定数で，F1～F8までの各因子の前の数が因子の強さを意味する係数で次のようになっている。

　　　　F1　　F2　　F3　　F4　　F5　　F6　　F7　　F8
　　-0.109, +0.021, -0.158, +1.656, +1.008, -1.612, +0.409, -0.281
　　　　となり，係数の大きいF4，F5，F6が判別に強く影響していると判読されるのである。

　この判別式の利用に際しては，別個に計算されている因子スコア値を各F1～F8に代入し，下記の式①によって判別値f1を計算し，すでに2群の判別式から算出されている判別境界値の 0.230 との大小比較をし，いずれの類型に属するかを判定するのである。

（1）統合失調症の発病可能性の推定
①統合失調症と健常群との判別式から
　f1=+0.798-0.109F1+0.021F2-0.158F3+1.656F4
　　　+1.008F5-1.612F6+0.409F7-0.281F8
　統合失調症 ＞ 0.230　　(1)　判別率　77.6%

②統合失調症と既遂群との判別式から
　f2=-0.64 +2.68F1 -1.95F2 -0.53F3 -3.39F4
　　　+0.20F5 -2.24F6 -1.04F7 -1.16F8
　統合失調症 ＞ 0.04　　(2)　判別率　86.9%

第Ⅲ部

これから求める個別例の因子スコアを,式(1)および(2)に代入し,計算した値ｆ1が0.23より大きいか,またはｆ2が0.04より大であればあるほど,統合失調症の可能性が高い。第26図の学生相談の実際ではこれらの推定値をもとに,今後の病状予測を行なっている。

(2) 自殺企図の可能性の推定

①既遂群と健常群との判別式から

f3=+0.649-0.194F1+0.305F2-0.906F3+2.502F4
　　　+0.799F5-0.944F6-0.795F7-0.135F8

既遂性　＞ 0.318　　(3)　判別率　78.9%

②既遂群と抑うつ症群との判別式から

f4=+0.85 +2.85F1 -1.42F2 -1.20F3 -2.38F4
　　　-0.98F5 -2.25F6 +0.75F7 -0.17F8

既遂性　＞ -0.38　　(4)　判別率　83.3%

③既遂群と希死念慮群との判別式から

f5=-2.36 +0.27F1 +2.22F2 -0.13F3 +2.64F4
　　　+0.13F5 +1.20F6 -0.80F7 +1.63F8

既遂性　＜ 0.044　　(5)　判別率　94.3%

この3式では,個別例の因子スコアを式①に代入し,得たｆ3値が0.318より大きいか,式②ではｆ4値が-0.38より大きければ既遂性の可能性が高い。
　また式③で得たｆ5値が0.044より小さければ既遂性が高く要注意となる。いずれにせよ,(1),(2)に記したような判別式を利用した計量診断や予測式による予測診断は,おそらくこれまでのテストには登場しなかった領域であろう。

中～上級編 / 一歩進んだ解析法

8）学生相談および一般診療の場での実践方法

　これまで臨床類型，下位類型，症状の構成と構造，相関マトリックスの判読，判別式による計量診断などを紹介してきたが，実践の場面ではこれらをどのように利用できるか，問題点について若干触れる。

　第26図に示す例は，左Ａは学生相談の際に行なっている検査結果のサンプルで，右Ｂは一般診療の際の所見要旨であり，基本的な構成はどちらも同じである。下段の診断指標は，被検者には見せず主治医，臨床心理士止まりにしているが，因子プロフィールおよび統合失調症の予測診断値は今後の経過観察にとり非常に役立っている。また自殺危険度の算定値は今後の行動予測の参考資料にしている。

　これらは大学生用に開発されたＵＰＩであるが，一般成人に試用した限りでは，年齢が近いほど有効であるが，一般成人の診療場面でもかなり適用できる感触を得ている。しかし現在も症例を重ねている最

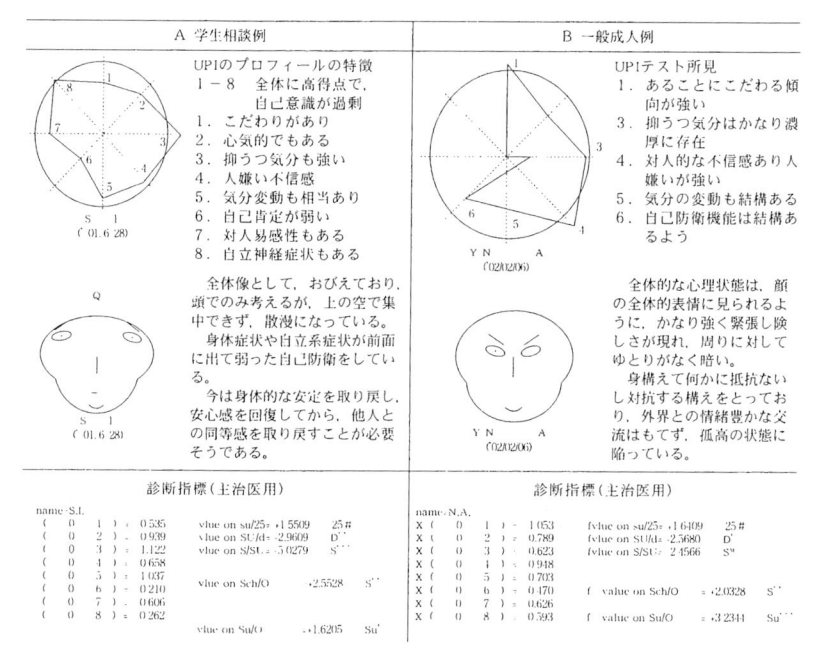

第26図　学生相談および一般診療におけるＵＰＩの結果要旨

中であり，適用範囲などは今後の検討に待ちたい．

9）まとめ

　以上見てきたように，新たに工夫した方法により，これだけ豊富に臨床症状を反映する結果が得られたが，その成功の鍵は，項目群の機能的変動の指標として因子スコアを導入したことであった。因子スコアに集約されたのは，因子分けされた各項目の重み（因子負荷量）と，各項目の出現率の二つを生かすように積和をし，加算した値である。この値を運用することによって，以下のように思いがけず多くの知見が得られたのであった。

①臨床類型全体の相互関係と位置関係の全貌が俯瞰できた。
②臨床的下位群についても，相互の近縁関係を全体視できた。
③群別，個別のケースの特徴は，顔グラフおよびレーダーチャートで描画できた。
④レーダーチャートの形態から得られた所見として以下の点がある。
　　a）健常群と疾病群の差，b）神経症下位群別の特徴描出，c）統合失調症の症状，経過，予後，d）自殺の手段の予測。
⑤直交座標上の布置から得られる症状分析の所見として以下の点がある。a）統合失調症の亜型および細区分の症状，経過，予後の相違，b）自殺行動（手段）による位置づけの相違，c）神経症下位群類型分け，d）神経症各下位群の症状分析。
⑥直交座標上の項目布置の判読による内的心理機制の解読。
⑦有意な相関図の解読による症状の精神病理解析。
⑧判別方程式を利用した「疾病の計量診断」と「自殺行動の予測」。
⑨学生相談および一般診療の実践での適用。

　このようにして，ＵＰＩを目一杯活用すれば，期待以上の成果を引き出すことができる。したがってメンタル・ヘルスのスクリーニングを目的とするのであれば，十分期待に応えられるはずである。それど

ころか計量診断の域にまで水準が高められ，これほど内容豊富なテストはそうそう見当たらないのではないかと思う。ぜひ今後ともより一層有効な活用方法を探究し，ＵＰＩの診断精度がさらに向上することを期待している。

あとがき

　まとめにも記したように，ＵＰＩのさまざまな表現型により，種々の臨床的標識，例えば症状，病型，診断，経過，予後などがかなり忠実に表わされることから，ＵＰＩの所見を分析すれば，各種の臨床的徴候を予見でききる可能性が高くなったことが，最大の収穫であった。そのうえＵＰＩは単に大学生を対象にしたメンタル・スクリーニングの道具に留まらず，一般診療面でも年齢など付帯条件をつければ，かなり有用である可能性も出ている。

　第Ⅲ部（中〜上級編）の新しい方法については，わかりにくい統計的な処理を平易に説明しきれないもどかしが残った。何と言っても１番心残りなのは，ここに挙げた成果を直ちに追試し，有用性を共有して頂くために必要なソフトを付録の形で提供できなかったことである。それは教示された原ソフト自体が Basic 言語で書かれており，Windows 版に翻訳しないとならず，それはまだ手つかずだからである。今後できるだけ早急にプログラミングの専門家の協力を得て，付録ソフトを提供できるようにしたい。

　ただこの本の最大のねらいであったＵＰＩの上手な使い方について，十分ガイドの役が果たせたか，またこれまでの研究成果について知りたい人の要望に応えられたかと思うと，決して十分だとはいえないだろう。今後，不完全なところを補筆して，もっとわかりやすく，より利用しやすい本にしたいものである。

参考文献

浅井敬一他：留学生におけるＵＰＩ，ＣＭＩテストについて．大学精神衛生研究会報告書，7，105-110，1985．

麻生伸世他：最も望ましいＵＰＩの回答様式の検討．Campus Health，44（1），199（抄），2007．

麻生伸代他：新入生に対するメンタルサポート〜ＵＰＩ高得点者の相談とケア〜．全国大学メンタルヘルス研究会報告書，25，92-94，2004．

安西順子他：ＵＰＩ実施結果と呼び出し．Campus Health，37（1），156-159，2001．

安東恵美子：15年間の当科受診者のＵＰＩ特性．全国大学保健管理研究集会報告書，27，81-84，1989．

安東恵美子：自己臭症のＵＰＩ．全国大学保健管理研究集会報告書，30，350-354，1992．

安東恵美子：留年生のＵＰＩ．大学精神衛生研究会報告書，13，93-101，1991．

伊崎公徳：ＵＰＩによる医大入学生の精神保健調査－現役生と多浪生の比較を中心に－．大学精神衛生研究会報告書，9，159-166，1987．

磯田雄二郎：ＵＰＩの再検討－スクリーニング・テストとしての－．大学精神衛生研究会報告書，5，140-146，1983．

磯田雄二郎：ＵＰＩを利用しての精神科的スクリーニング．全国大学保健管理研究集会報告書，26，226-227，1988．

磯田雄二郎：スクリーニングテストとしてのＵＰＩの利用．全国大学保健管理研究集会報告書，24，101，1986．

磯田雄二郎：学生層の精神的変化について（第3報）．全国大学精神保健管理研究集会報告書，22，318-322，1985．

磯田雄二郎：学生層の精神的変化について〈第一報〉ＵＰＩの統計処理より見た変化．全国大学保健管理研究集会報告書，20，133-134，1983．

伊藤裕子：ＵＰＩ25番の多角的研究．全国大学保健管理研究集会報告書，

20, 131-133, 1983.
伊藤裕子：女子学生にみるＵＰＩ25番の意味．大学精神衛生研究会報告書，4，60-68，1982.
稲浪正充，笠原嘉：大学生と対人恐怖．全国大学保健管理協会誌，4，24-28，1968.
稲浪正充：ＵＰＩと精神衛生的問題学生．学校保健研究，119，552-557，1969.
稲浪正充：大学生の精神衛生について2，3の試み．精神衛生管理研究，4，26-34，1972.
稲浪正充他：質問紙によりとられた京都大学学生の神経症的な傾向の変遷．京都大学学生懇談会紀要，4，60-70，1974.
江口篤寿他：和洋女子大学のＵＰＩについて．全国大学保健管理研究集会報告書，30，331-333，1992.
江口昌克他：大学離学者における入学時ＵＰＩの特徴とその予防的関わりについての一考察．Campus Health, 43 (1), 268 (抄), 2006.
江尻美穂子：ＵＰＩテストの有効性に関する一考察．全国大学保健管理研究集会報告書，14，66-67，1977.
江尻美穂子：ＵＰＩの有効性をめぐって．大学精神衛生研究会報告書，4，53-59，1982.
大江米次郎：ＵＰＩの活用方法について．全国大学保健管理集会報告書，30，338-342，1992.
大江米次郎他：ＵＰＩを中心にしたスクリーニング検査の考察．全国大学保健管理研究集会報告書，25，245-247，1987.
大江米次郎他：女子学生のスクリーニングテストにおける傾向　ＵＰＩとＣＭＩに関して．全国大学保健管理研究集会報告書，27，90-93，1989.
大江米次郎他：女子学生のスクリーニングテストにおける傾向．全国大学保健管理研究集会報告書，28，344-345，1990.
小片富美子：新入生の身体的訴えについて，ＵＰＩにおける精神的訴えとの関連について．全国大学保健管理研究集会報告書，24，100，1986.
岡庭武他：大学生の神経症とＵＰＩ．大学精神衛生研究会報告書，10，44-50，1988.
沖田肇他：面接評価とＵＰＩ．大学精神衛生研究会報告書，16，58-60，

1994.
荻田純久他：学校保健における効果的な定期健康診断システム構築のための研究. Campus Health, 36 (1), 388-392, 2000.
奥田純一郎：大阪大学における9年間のＵＰＩ調査結果. 全国大学保健管理研究集会報告書, 30, 338-342, 1992.
梶川幸世他：ＵＰＩ得点法と生活習慣調査の関連について. Campus Health, 44 (1), 198 (抄), 2007.
糟谷修子他：入学時と4年後のＵＰＩ調査比較からみた学生の心理的変化. Campus Health, 42 (1), 224 (抄), 2005.
加藤澄代他：スポーツ経験がＵＰＩの結果に及ぼす影響に関する検討. Campus Health, 36 (1), 278-280, 2000.
加藤澄代他：肥満者と低体重者にみられるＵＰＩ上での特徴. 全国大学メンタルヘルス研究会報告書, 41 (1), 182 (抄), 2004.
工藤明人他：大学生の対人不安について (4). 大学精神衛生研究会報告書, 15, 60-62, 1993.
工藤明人他：大学生の対人不安について (その2). 大学精神衛生研究会報告集, 13, 145-149, 1991.
久間美智子：入学時ＵＰＩ検査要フォロー者の4年後ＵＰＩ検査比較. Campus Health, 38 (2), 541-544, 2002.
上月英樹他：図書館情報大学における10年間のＵＰＩの検査結果について. 全国大学保健管理研究集会報告書, 31, 281-285, 1993.
小口徹：大学精神衛生における心理検査. 大学精神衛生研究会報告書, 8, 110-116, 1986.
小林義康他：北海道大学新入生について実施したＵＰＩとＭＭＰＩについて. 全国大学保健管理研究集会報告書, 11, 88-96, 1974.
小谷野柳子：1997年から10年間のＵＰＩ得点の変遷について. 大学精神衛生研究会報告集, 13, 102-107, 1991.
小柳晴生：ＵＰＩと2, 3の生活経験項目との関連について. 全国大学保健管理研究集会報告書, 24, 102, 1986.
小柳晴生：ＵＰＩによる心身の健康と経験との関連について. 臨床心理学の諸領域, 5, 31-38, 1987.
小柳晴生：香川大学における不登校学生の実態調査の試み. 全国大学保健管理研究集会報告書, 32, 343-345, 1994.
酒木保他：保健管理センター利用学生に対する心理的身体的アプローチ.

参考文献

全国大学保健管理研究集会報告書, 35, 252-255, 1997.
坂口守男：ＵＰＩでみた第一部学生と第二部学生におけるメンタリティの比較検討. Campus Health, 38 (2), 537-540, 2002.
桜井俊子：ＵＰＩと自殺傾向性格などについての国際比較（予報）. 大学精神衛生研究会報告書, 9, 167-175, 1987.
桜井俊子：大学生の心の健康に対する進学塾の影響. 大学精神衛生研究会報告書, 8, 40-48, 1986.
桜井俊子：日本人と外国人とのＵＰＩ比較（第2報）. 全国大学保健管理研究集会報告書, 23, 87-93, 1985.
桜井俊子：日本人と外国人とのＵＰＩ比較. 全国大学精神保健管理研究集会報告書, 22, 312-317, 1985.
桜井俊子他：大学生の心の健康に対する進学塾の影響（第二報）. 大学精神衛生研究会報告書, 10, 158-166, 1988.
佐々木敦他：回避性人格障害トスチューデントアパシー. Campus Health, 36 (1) 507-511, 2000.
佐々木司：体重減少女子学生におけるＵＰＩの検討. 全国大学メンタルヘルス研究会報告書, 21, 70-71, 1999.
佐藤清公：大学生の対人恐怖（ＵＰＩから）. 全国大学保健管理研究集会報告書, 34, 358-362, 1996.
沢崎達夫他：筑波大学における最近7年間のＵＰＩの結果. 大学精神衛生研究会報告書, 9, 150-158, 1987.
正保春彦他：ＵＰＩ実施結果と呼び出し面接. 全国大学保健管理研究集会報告書, 35, 240-242, 1997.
白石純三他：阪大新入生について実施したＳＣＴとＵＰＩについて. 全国大学管理研究集会報告書, 10, 246-256, 1973.
末廣晃二：健康調査から見た学生の精神健康度の変遷. 全国大学保健管理研究集会報告書, 31, 298-301, 1993.
杉江征他：ＵＰＩ25番からみた大学新入生の自殺念慮の経年変化について. Campus Health, 44 (2), 71-76, 2007.
杉田義郎他：大阪大学における最近17年間のＵＰＩ調査結果. Campus Health, 35 (1), 221-224, 1999.
須永比呂美：1997年から10年間のＵＰＩの得点の変遷について. 大学精神衛生研究会報告書, 14, 63-66, 1992.
高橋知音他：4段階評価による新ＵＰＩの開発－信頼性, 妥当性の検討.

全国大学メンタルヘルス研究会報告書，41 (1)，180 (抄)，2004.
高橋知音他：4段階評定UPIにおける「抑うつ状態」下位尺度の構成. 全国大学メンタルヘルス研究会報告書，26，105-107，2004.
田中宏尚：SPI標準化と臨床的応用 (6) UPIからみた過去13年間の鳥大生の変遷. 全国大学保健管理研究集会報告書，27，93-96，1999.
田中生雅他：UPIとGHQ60の同時調査結果より，学生健康調査におけるUPIの有用性の検討. Campus Health, 43 (1)，269 (抄)，2006.
田畑一子他：本学大学院生・学部学生のUPI調査結果の比較・検討. 全国大学保健管理研究集会報告書，22，300-302，1985.
近田輝行：精神保健スクリーニングテストの実態. 全国大学保健管理研究集会報告書，33，193-196，1995.
辻本太郎：UPIからみた大学生のうつ状態. 全国大学保健管理研究集会報告書，18，121-125，1981.
辻本太郎：心理テストによる大学生の精神不健康予知. 大阪大学医学部雑誌，30，179-200，1978.
辻本太郎：多変量解析によるUPIの検討. 全国大学保健管理研究集会報告書，14，66，1977.
長瀬江利他：入学時UPIとその後の喫煙状況について. Campus Health, 38 (2), 274-277, 2002.
中村恵子他：入学時UPIと退学者のプロフィール. Campus Health, 37 (1), 559-562, 2001.
楡木満生：質問紙法の妥当性の尺度についての一考察. 大学精神衛生研究会報告書，10，82-86，1988.
丹羽美穂子他：入学時UPIとその後4年間の休退学，留年状況. Campus Health, 36 (1), 358, 2000.
橋本禎穂：UPIの縦断的考察. 全国大学保健管理研究集会報告書，15，98-100，1978.
畑中良夫他：精神病学生の就学能力の実態とUPI項目群利用による早期発見の試み. 全国大学保健管理研究集会報告書，21，118-122，1984.
平野均他：UPIからみた学生気質の時代的変遷について. 全国メンタルヘルス研究会報告書，20，59-61，1998.

参考文献

平野均他：ＵＰＩとＳＤＳによる摂食障害発病予測可能性の検討. Campus Health, 35 (1), 428-432, 1999.

平野均他：摂食障害の発症がもたらす心理的影響について. Campus Health, 36 (1), 378-382, 2000.

平山皓他：ＵＰＩの応用 (1) 顔所見. 全国大学保健管理研究集会報告書, 33, 473-476, 1995.

平山皓他：ＵＰＩの応用 (2) 顔所見. 全国大学保健管理研究集会報告書, 35, 289-293, 1997.

平山皓他：ＵＰＩの有効性の検討 (2). 全国大学保健管理研究集会報告書, 26, 228-231, 1988.

平山皓他：ＵＰＩの有効性の検討 (3). 全国大学保健管理研究集会報告書, 27, 84-89, 1989.

平山皓他：ＵＰＩの有効性の検討 (4). 全国大学保健管理研究集会報告書, 28, 363-368, 1990.

平山皓他：ＵＰＩの有効性の検討 (5). 全国大学保健管理研究集会報告書, 29, 296-300, 1991.

平山皓他：ＵＰＩの有効性の検討 (6). 全国大学保健管理研究集会報告書, 30, 346-349, 1992.

平山皓他：ＵＰＩの有効性の検討 (7). 全国大学保健管理研究集会報告書, 31, 286-289, 1993.

平山皓他：ＵＰＩの有効性の検討 (8). 全国大学保健管理研究集会報告書, 32, 282-285, 1994.

平山皓他：ＵＰＩの有効性の検討. 全国大学保健管理研究集会報告書, 25, 241-244, 1987.

平山皓他：バウムテストの統計的検討 (4) (ＵＰＩとの関係). 大学精神衛生研究会報告集, 13, 108-113, 1991.

平山皓他：大学生の神経症とＵＰＩ. 全国大学メンタルヘルス研究会報告書, 19, 17-22, 1997.

平山皓他：大学生の神経症とＵＰＩ. 全国大学メンタルヘルス研究会報告書, 21, 6-11, 1999.

平山皓他：大学生の神経症とＵＰＩ. 大学精神衛生研究会報告集, 13, 22-30, 1991.

平山皓他：大学生の神経症とＵＰＩ. 大学精神衛生研究会報告書, 14, 25-29, 1992.

参考文献

平山皓他：大学生の神経症とUPI．大学精神衛生研究会報告書，15，29-32，1993．

平山皓他：大学生の神経症とUPI．大学精神衛生研究会報告書，16，32-35，1994．

平山皓他：大学生の神経症とUPI．大学精神衛生研究会報告書，17，31-36，1995．

平山皓他：大学生の神経症とUPI．大学精神衛生研究会報告書，18，118-122，1996．

平山皓他：大学生の神経症とUPI．全国大学メンタルヘルス研究会報告書，20，18-23，1998．

平山皓他：大学生の神経症とUPIのまとめ（その1）．全国大学メンタルヘルス研究会報告書，22，7-11，2000．

平山皓他：大学生の神経症とUPIのまとめ（その2）．全国大学メンタルヘルス研究会報告書，23，7-11，2001．

平山皓他：大学生の神経症とUPIのまとめ（その3）．全国大学メンタルヘルス研究会報告書，24，7-10，2003．

福本修他：静岡大学留学生へのUPIカード導入の試み．全国大学保健管理研究集会報告書，30，262-264，1992．

藤光純一郎：UPI都精神衛生相談．全国大学保健管理研究集会報告書，9，46-50，1971．

船坂和彦：47年度神戸大学新規職員のUPIテストについて．全国大学管理研究集会報告書，10，264-266，1973．

船坂和彦：中・高校時代クラブ活動経験者および未経験者のUPIの結果について．全国大学保健管理研究集会報告書，11，96-101，1974．

堀正士：学群新入生と大学院新入生のUPIの比較検討．大学精神衛生研究会報告書，17，51-54，1995．

堀正士他：自殺学生の入学時のUPIの分析．全国大学メンタルヘルス研究会報告書，41（1），203（抄），2004．

本田恭子他：入学時UPIからみた喫煙学生に関する一考察．Campus Health，40（3），53（抄），2003．

本多みよ子他：医大生の精神保健スクリーニング UPI（受験時）とMAS（入学後）の比較．大学精神衛生研究会報告書，10，87-91，1988．

参考文献

松岡敏昭：アンケートによる高専生のある現状．大学精神衛生研究会報告書，14，54-56，1992．

丸井澄子他：ＵＰＩと個人面接との関連についての考察．全国大学保健管理研究集会報告書，11，106-111，1974．

御田村相模他：入学時ＵＰＩの違いから見た月経異常の影響．Campus Health，38 (2)，439-442，2002．

湊博昭：ＵＰＩに見る女子学生の変化について．大学精神衛生研究会報告書，4，47-52，1982．

宮崎美千他：体重減少者におけるＵＰＩの検討．Campus Health，36 (1)，359-363，2000．

宮田尚之：改訂ＮＳテストの項目別出現率．全国大学保健管理協会誌，8，64-67，1972．

村田正章他：心理テスト成績の変動．大学精神衛生研究会報告書17（出題のみ），1995．

本木下道子：問診時における精神面の訴えならびに所見と自己記載資料（ＵＰＩ，ＣＭＩ）の関連について．全国大学精神保健管理研究集会報告書，22，303-307，1985．

森正樹他：ＵＰＩを利用した援助が必要な学生の推察．Campus Health，41，(1)，181（抄），2004．

森正樹他：入学時ＵＰＩ（及び下位分類）とＢＭＩとその後の変移について．Campus Health，39，81（抄），2002．

森岡洋史他：新入生に対する心理検査の検討．Campus Health，37 (1)，152-155，2001．

山田和夫：大学生精神医学的チェック・リスト（ＵＰＩ）について．心と社会，6，43-57，1975．

山本由子：入学時の健康調査から見た分裂病学生の問題．大学精神衛生研究会報告書，8，49-54，1986．

山本由子他：大学生の対人不安について（その３）．大学精神衛生研究会報告書，14，57-59，1992．

吉岡千尋他：鳥取大学におけるスクリーニングシステムＳＰＩ（鳥大式性格検査）の標準化とＵＰＩとの組み合わせ．全国大学精神保健管理研究集会報告書，22，307-312，1985．

吉田百合子他：エゴグラムのパターン分類とＵＰＩとの関連について．全国大学保健管理研究集会報告書，25，251-253，1987．

吉野啓子：心理面接へのＵＰＩの活用について．全国大学保健管理研究
　　集会報告書，30，343-345，1992．
吉村剛他：ＵＰＩ（25）チェック学生についての検討．大学精神衛生研
　　究会報告書，18，79-82，1996．
吉村剛他：ＵＰＩ簡略化の試み（自発記入方式への変更）．大学衛生研
　　究会報告書，17，55-60，1995．
吉村剛他：ＵＰＩ簡略化の試み．全国大学保健管理研究集会報告書，34，
　　333-337，1996．
米原裕美他：留学生のＵＰＩ．全国大学保健管理研究集会報告書，31，
　　290-293，1993．
渡辺厚：新入学健診時に心理的問題を持つ学生への対応．全国大学メン
　　タルヘルス研究会報告書，21，72-73，1999．
渡辺厚他：希死念慮を持つ学生のスクリーニング．Campus Health，43
　　(1)，267（抄），2006．
渡辺織江他：ＵＰＩおよびＳＤＳから見た摂食障害学生の特徴．全国大
　　学保健管理研究集会報告書，35，316-320，1997．
渡辺久雄他：本年度実施したスクリーニングテストについて．全国大学
　　管理研究集会報告書，10，267-271，1973．

■著者紹介

平山　皓（ひらやま　こう）

1931年　東京に生まれる
1955年　千葉大学医学部卒業
1964年　東京大学医学博士授与
　東京大学医学部，都立松沢病院，東京都教職員互助会三楽病院，国立武蔵療養所，一橋大学保健管理センター等に勤務
　1987～2002年　全国大学メンタルヘルス研究会「大学生の神経症とUPI研究班」（代表）
2008年10月20日逝去

主要著書
「中枢神経実験法－生化学編－」共著，医学書院（1966年）
「脳の生化学」共著，医学書院（1964年）
「精神薄弱医学」共著，医学書院（1972年）
「精神医学入門シリーズ2　こころの科学と人間－生活療法－」共著，日本評論社（1984年）

UPI利用の手引き

著　平山　皓／全国大学メンタルヘルス研究会

2011年 3月 1日第1版第1刷発行
2014年12月 5日第1版第2刷発行
2023年 7月20日第1版第3刷発行
発行者　山田多佳子
発行所　社会福祉法人新樹会創造出版
〒182-0005　東京都調布市東つつじヶ丘2-27-1
電話 03-5314-7081／FAX03-5314-7085
https://sozo-publishing.shinzhukai.jp/
印刷・製本　デジタルパブリッシングサービス
乱丁・落丁本はお取り替えいたします。